Gestión Del Tiempo

El papel de la productividad y la autodisciplina para superar la procrastinación, maximizar la eficiencia del tiempo y lograr la libertad personal

(Desarrollar competencia en la gestión del tiempo, superar y vencer la procrastinación)

Eulogio Navarrete

TABLA DE CONTENIDOS

Introducción 1
Ventajas De Aumentar La Productividad 6
La Planificación Implica Una Adecuada Asignación De Tiempo Y Recursos 19
La Velocidad Del Amor 38
Asentamiento De Hábitos Positivos 58
Motivos Que Causan La Procrastinación 63
No Posees Conocimiento Sobre Cómo Comenzar O Ejecutar Esta Acción. 76
¿Cuál Es La Definición De Toma De Decisiones Y Cuáles Son Sus Implicaciones? 79
Los Estudios Sobre Procrastinación 102
Conéctate Al Sistema 111
Desarrollo De Listas De Tareas Sofisticadas. 124
Use Su Motivación 158

Introducción

Incítate, procede, adéntrate, no te intimides, persigue tus aspiraciones... es probable que ya hayas oído alguna de estas expresiones, ya sea que tú las hayas pronunciado a alguien o alguien te las haya dirigido a ti con el simple propósito de alentarte a avanzar y lograr así tus sueños o metas. Y eso es altamente admirable, que haya alguien dispuesto a dedicarse a asistir a otra persona en su camino hacia el logro de sus metas, especialmente cuando se trata de un hijo, un familiar cercano o un querido amigo.

Sin embargo, qué sucede cuando se brinda estímulo o se empuja a alguien y esa persona simplemente no logra iniciar o, si lo hace, no llega muy lejos. Qué ocurre si esa persona se estanca o se ve paralizada a mitad de su recorrido, atrapada por el temor. El motivo radica en que aquellos que se ven paralizados por el temor, los que no toman medidas para detener o regular su miedo, jamás alcanzarán sus objetivos de ninguna manera.

El temor es persistente, y tiene a una cantidad considerablemente mayor de personas cautivas que las propias instituciones carcelarias. Tenemos conocimiento de que la reclusión carcelaria representa una de las sanciones más severas para cualquier individuo, dado que le es negada su libertad. Afortunadamente, la mayoría de los reclusos no permanecen indefinidamente privados de su libertad en las instalaciones correccionales; en cambio, muchos son liberados una vez que han cumplido su período de condena. No obstante, existen situaciones excepcionales en las que, si un familiar u otra persona satisface una caución, el individuo detenido puede ser puesto en libertad en un plazo relativamente corto.

Esperemos que el temor pudiera ser asimismo de esta manera, anhelamos que brindara la ocasión de que si un familiar u otra persona paga una fianza, el prisionero pueda ser liberado.

Lamentablemente, no es así, ya que el miedo no admite ninguna forma de compromiso, arreglo, soborno o cualquier otro tipo de persuasión. Su único y principal objetivo es retener indefinidamente al mayor número de personas como prisioneros. Delante de la fuerte influencia del temor, únicamente tú posees la capacidad y el poder para enfrentarlo y superarlo, puesto que eres el único responsable de tu propia protección y bienestar.

Deplorablemente, el temor está ocasionando efectos perjudiciales en un gran número de individuos, efectivamente.

Las personas están enfrentando obstáculos para alcanzar sus objetivos y aspiraciones debido a la influencia del temor.

La población se encuentra sumida en la pobreza y miedo.

Las personas están tolerando situaciones de injusticia o abuso debido a temor.

Las personas se encuentran en ubicaciones laborales que no les agradan o detestan, debido a temor.

Las personas se encuentran subyugadas a una enfermedad debido al temor que evoca.

Las personas experimentan una constante angustia y temor debido a la ansiedad crónica que padecen.

Además, puedo continuar mencionando numerosos elementos adicionales. No obstante, el argumento al que aspiro es que el temor es el factor determinante de los acontecimientos más desafortunados que se experimentan en la existencia.

Reitero una vez más que la única persona capaz de ayudarte a superar el temor eres tú, ya sea hombre o mujer.

En este libro, te expondré cinco soluciones de considerable magnitud para llevar a cabo la tarea.

Exactamente, te proporciono cinco efectivos métodos para que logres manejar el temor de manera personal y no permitas que él te controle a ti.

No albergo ninguna interrogante acerca de que estos métodos te brindarán ayuda de manera sobrenatural y poderosa.

Mi compromiso radica en difundirlos, mientras que tu compromiso consiste en ponerlos en práctica en tu vida.

Ventajas De Aumentar La Productividad

Es una premisa ampliamente aceptada que la productividad es algo positivo y conlleva numerosas ventajas para nuestra existencia. Y es cierto. Sin embargo, en efecto, ¿Cuál es la verdadera relevancia de adquirir el estatus de una persona altamente productiva?

Existen múltiples beneficios y, en virtud de ello, he elaborado un compendio de 8 argumentos que respaldan la necesidad de aspirar a alcanzar una mayor productividad personal.

Alcanzarás todas tus metas

El incremento de la productividad te acerca cada vez más a la realización de tus deseos más fervientes. Una de las causas que han impedido el logro de tus metas, radica en la tendencia constante a aplazar el comienzo de ese proyecto tan trascendental para tu vida y crecimiento personal.

Sin embargo, al aprovechar cada minuto de la jornada y evitar dedicar tanto tiempo a actividades de escasa relevancia, se obtendrán resultados significativos.

¿Deseas en última instancia lograr todas tus metas y aspiraciones? Por ende, continúa la lectura con el fin de adquirir conocimientos sobre cómo convertirte en un individuo que optimiza eficientemente el uso del tiempo.

Esta experiencia te brindará un gran sentido de felicidad y relajación.

Es satisfactorio y reconfortante haber cumplido con nuestras responsabilidades. Experimentar una sensación de plena satisfacción al concluir exitosamente esa labor de suma relevancia, ejecutada con meticulosidad y altos estándares de calidad. Mi sugerencia es que generes una sensación diaria de plenitud, serenidad y felicidad. Y hemos conseguido este logro al convertirnos en individuos altamente eficaces.

Al estructurar nuestra jornada de manera eficiente, evitamos experimentar sentimientos de frustración o abrumo debido a las responsabilidades, asegurando así el cumplimiento oportuno de nuestras obligaciones. En contraste, a medida que incrementamos nuestra productividad, se fortalece la confianza en uno mismo y en nuestras habilidades, lo cual tiene un efecto directo en el desarrollo de la autoestima.

A medida que progresas en la tarea de marcar las actividades pendientes, experimentas una sensación de invulnerabilidad, permitiéndote enfrentar con determinación cualquier desafío que se presente.

Harás uso adecuado del tiempo" "Obtendrás provecho del tiempo" "Aprovecharás de manera eficiente el tiempo" "Optimizarás el tiempo disponible

El tiempo es el activo más valioso del que disponemos. Nada más cierto. Es asombrosa la cantidad de tiempo que dedicamos a actividades insignificantes. No hago referencia a los momentos de reposo, los cuales son imperativos. En definitiva, no somos seres automatizados capaces de laborar ininterrumpidamente. Sin embargo, incluso los momentos de recreación deben formar parte de nuestra programación diaria.

Una persona verdaderamente eficiente no dedica largas horas a descansar en el sofá mientras ve programas de televisión de poca relevancia, ni malgasta las horas más preciosas del día navegando sin un propósito claro en internet.

Las técnicas que encontrarás en este libro te ayudarán a que más nunca pierdas este valioso y no renovable recurso, el tiempo.

Únicamente adquirirás la información de calidad

Diariamente recibimos una variedad de información de diferentes fuentes, sin embargo, la mayoría de ella carece de utilidad y no contribuye en absoluto a nuestro crecimiento personal. Nuestra prioridad radica en establecer sistemas de filtración y barreras defensivas con el fin de evitar totalmente la llegada de información perjudicial.

Dedicamos una considerable cantidad de tiempo a leer correos electrónicos promocionales que jamás adquiriremos, así como a revisar tweets que no nos resultan relevantes en lo absoluto. Asimismo, desperdiciamos un tiempo considerable navegando sin dirección en Internet, distrayéndonos con contenidos insignificantes, en lugar de hacer un uso productivo de esos momentos para avanzar en nuestro proyecto principal o preparar la presentación que debemos entregar al cliente el próximo lunes.

Sin embargo, cuando uno es una persona eficiente, también se le reconoce por su capacidad de organizar. Habrá oportunidad posteriormente para acceder a páginas web al azar o ingresar a Facebook.

El tiempo cunde más durante el transcurso del día.

Es probable que experimentes una sensación de impotencia debido a la falta de productividad en tu día. Todos hemos anhelado que el transcurso del día se extienda más allá de las 24 horas. No obstante, eso no experimentará modificaciones. Las leyes temporales se mantendrán inalterables. Sin embargo, puedo garantizarte algo: un período de 24 horas es adecuado si logras utilizarlo de forma eficiente.

Los consejos que comparto contigo son sumamente efectivos, a pesar de que no he recibido educación en la escuela de magia de Hogwarts. Experimentarás una notable sensación de prolongación del día al poder completar todas tus obligaciones en tiempo récord. No obstante, es importante considerar que todo recae en tu persona y en el nivel de compromiso que tengas para alcanzar una mayor productividad.

Estimula tu creatividad

Una de las técnicas más esenciales que adquirirás para desarrollar tu habilidad creativa es programar tus obligaciones. Familiarícese con la práctica de confeccionar un inventario de tareas pendientes. Se asemejará a contar con un colaborador que le notifique las tareas pendientes, permitiéndole liberar su mente para concentrarse únicamente en las labores verdaderamente significativas.

Normalmente, utilizamos nuestra mente como un dispositivo de organización y memoria, lo cual resulta en la carga de recordar todas nuestras responsabilidades diarias. Esto puede generar cansancio mental, ya que le pedimos a nuestra mente que realice tareas que deberían ser realizadas por una máquina, como por ejemplo, nuestro teléfono móvil. Una vez te desentiendas de estas tareas rutinarias, dispondrás de un mayor período de tiempo para dedicar al análisis del proyecto en curso y a la generación de ideas para nuevas empresas. Aplicar un enfoque mental adecuado será beneficioso para fomentar la creatividad. Dirigirás tu atención exclusivamente hacia asuntos de relevancia.

Abrirse ante nosotros se presenta un nuevo mundo

La productividad no es meramente una opción adicional dentro de nuestras posibilidades; es el único enfoque de vida que asegurará el logro del éxito. Al familiarizarse con los hábitos de una persona altamente productiva, se desvela un mundo de técnicas y recursos que permiten optimizar eficazmente el uso del tiempo.

Te percatarás de las amplias ventajas inherentes a la adopción de hábitos de productividad, lo cual despertará tu interés por seguir explorando en torno a esta materia. A mí me ocurrió. La primera obra literaria que tuve la oportunidad de leer acerca de esta temática fue Getting Things Done de David Allen, la cual recomiendo encarecidamente. Aquella lectura supuso un revelador descubrimiento que me incitó a consumir una gran cantidad de material relacionado con la eficiencia y el rendimiento. No me refiero únicamente a literatura. Adicionalmente, empecé a ingresar a artículos de revistas, podcasts, vídeos, investigaciones universitarias, entre otras fuentes de información.

A medida que adquiría más conocimientos, mi transformación en la persona que siempre anhelé se intensificaba.

Serás capaz de enfrentar nuevas desafíos

Permítame ilustrarlo con mi experiencia personal. Previo a experimentar la transformación completa de mi vida al implementar los principios de un individuo altamente productivo, carecía de la audacia necesaria para afrontar desafíos adicionales, ya que mi percepción de limitado tiempo me impedía asumir nuevas responsabilidades. A pesar de tener numerosas actividades que deseaba llevar a cabo, no me sentía dispuesto a afrontar nuevos desafíos.

Sin embargo, una vez adquirí un nivel de productividad destacado, experimenté una sensación de capacidad para asumir cualquier responsabilidad. Con el transcurso del tiempo, me percaté de que tampoco podía llevar a cabo simultáneamente cien proyectos, dado que resulta imposible desde una perspectiva humana. Sin embargo, experimenté un considerable incremento en la cantidad de retos que afronté. Gracias a mi incrementada eficacia y productividad, lograba finalizar los proyectos con mayor celeridad, permitiéndome así estar preparado para emprender el siguiente desafío.

Después de transcurrir un año, logré alcanzar más objetivos que en el transcurso de toda mi existencia, y te aseguro que no te estoy engañando.

Podrás convertir en realidad todos tus deseos, los proyectos que quedaron sin cumplir, y las aspiraciones que no lograste alcanzar. Su única responsabilidad consiste en comprometerse a aplicar las técnicas que se revelan en el presente libro, lo cual resultará en un cambio permanente en su vida.

La Planificación Implica Una Adecuada Asignación De Tiempo Y Recursos.

La presente clave se refiere a lo que se mencionó previamente en la introducción, acerca de la importancia de la planificación y el uso de una agenda.

Efectivamente, llevar a cabo esta tarea demandará un tiempo considerable, sin embargo, se trata de una inversión temporal que se reflejará posteriormente en un mayor tiempo libre. De esta manera, ya no podrás recurrir a la excusa de no tener disponibilidad horaria.

Sostener que careces de tiempo para planificar equivale a afirmar, mientras conduces, que no dispones de tiempo para abastecer de combustible al automóvil, una idea aparentemente ilógica, ¿no te parece?

Por otra parte, el tiempo que deberá dedicar a la planificación es mínimo, no obstante, los beneficios que obtendrá son considerablemente mayores e inmediatos. Con el paso del tiempo, notará aún más la repercusión positiva de esta inversión realizada.

Por lo tanto, si aún no dispone de una agenda, le insto a que salga de inmediato a adquirir una, ya sea en formato electrónico o en papel. Empleo la aplicación del calendario de Google, la cual sugiero utilizar, ya que es accesible tanto desde un equipo de escritorio como desde un dispositivo móvil.

Este recurso posibilita la visualización completa de los siete días de la semana, permitiéndote clasificar las tareas utilizando colores según su importancia o según tus preferencias.

Mediante esto, podrás obtener una visión concisa de tu planificación semanal con tan solo una observación. Será posible efectuar modificaciones en cualquier momento, sin realizar tachaduras, clasificándolas mediante colores en base a tus prioridades, y registrar detalles dentro de cada actividad.

Organiza tus responsabilidades y sigue este principio que te voy a presentar: entre menos compromisos adquieras, mejor será tu situación. En otras palabras, organiza tu día de tal manera que dispongas de suficiente tiempo para llevar a cabo cada actividad, lo cual será ampliamente explicado en el noveno paso.

Siempre se presentan factores imprevistos que, en caso de tener una agenda muy ajustada, podrían impedirle completar sus tareas, resultando en un caos que solo generará sentimientos de frustración al final del día.

Reducir la planificación y, en caso de disponer de tiempo adicional, considerar la inclusión de nuevas actividades de forma improvisada. Se puede incluso contar con un listado de actividades potenciales para realizar en los momentos libres o cuando alguna cita falle.

Es necesario revisar la agenda diariamente y mantenerla constantemente en mente. Nuevamente no puedo aceptar la justificación de "no la veo". Si no le presta atención, no está desempeñando correctamente su labor. La planificación de actividades es una componente fundamental en la gestión operativa de cualquier organización, y eso incluye la administración de nuestro propio hogar como una entidad en sí misma.

Además, si usted está revisando este informe, es porque tiene la intención de efectuar modificaciónes en su vida y busca obtener mayor tiempo para usted, su familia, su empleo, sus pasatiempos o cualquier otro compromiso personal, lo cual implicaría la necesidad de realizar un esfuerzo por su parte.

Tengas presente que te sugiero el uso de Google Calendar como tu sistema de agenda. La consulta es gratuita y accesible desde cualquier ubicación mediante tu dispositivo móvil, lo cual te permite realizar modificaciones, tomar notas e incluso programar encuentros con otras personas.

Segunda clave: Enfócate en la tarea presente y evita distraerte.

Esta medida, no solo te permitirá optimizar tu tiempo, sino que también contribuirá a tu felicidad al fomentar una completa y plena vivencia del presente.

Se trata de mantener una concentración exclusiva en la tarea que estás llevando a cabo en cada instante. Si te encuentras en la oficina, no te angusties anticipando qué cocinarás para la cena o qué elementos deberás adquirir en la lista de compras. Esas cuestiones deben ser abordadas oportunamente.

Durante tu tiempo en la oficina, enfócate en los asuntos laborales y asegúrate de dedicar tiempo suficiente a cada actividad correspondiente. Por lo tanto, le sugiero que no considere las fotocopias como una prioridad cuando deba enviar correos electrónicos.

Si empiezas a comportarte de este modo, experimentarás un aumento significativo en la eficiencia de tu tiempo, lo que te permitirá finalizar tus tareas con antelación para dedicarte a tu vida personal o bien avanzar en tu trabajo y mejorar los resultados. La decisión está en tus manos.

Lo mismo en casa. Si durante el tiempo en que te encuentras en tu hogar y te dedicas a pasar tiempo con tus hijos, te preocupas por verificar si terminaste de manera correcta los presupuestos que debías entregar mañana a tu cliente, entonces no podrás brindar la atención de calidad que deseas otorgar a tu familia.

Y en consecuencia, dejarás de lado otras tareas como la confección de la lista de compras, lo cual hará que mañana, en el ámbito laboral, te sientas inquieta y con falta de concentración debido a este asunto.

Un método que empleo consiste en imaginarme que estoy disfrutando de un merecido descanso mientras llevo a cabo una actividad determinada, dejando de lado todas las demás responsabilidades y distracciones externas. De este modo, puedo otorgar a cada aspecto la debida atención, lo cual me permite llevar a cabo mi labor de manera más eficiente, reduciendo la posibilidad de cometer errores.

Sugiero encarecidamente que, en caso de recordar alguna tarea pendiente que deba realizarse en un momento posterior y que no haya sido previamente programada, se tome la precaución de anotarla o incluirla en la agenda de inmediato. De este modo, podrá liberarse y retomar su labor sin preocupaciones adicionales, confiando en que los asuntos se resolverán en el momento oportuno.

Por tanto, la adopción de listas, la utilización de una agenda y el registro de todo resulta sumamente beneficioso, ya que permite despreocuparse de la carga de pensamientos innecesarios y de aquello que no corresponde en ese momento.

Además, naturalmente, mientras te diviertes. Desconéctate de las preocupaciones externas y libérate de cualquier sentimiento de culpa por no dedicar atención a tu familia o trabajo. Simplemente permite que te sumerjas en ese momento y disfrútalo plenamente.

La dedicación a actividades de esparcimiento también resulta fundamental para potenciar posteriormente tu desempeño de manera más sobresaliente. Por ende, durante tu momento de recreación, procura gozar plenamente y dejar de lado cualquier distracción que pueda provenir del entorno externo.

Logra un equilibrio entre las responsabilidades familiares, sentimentales y laborales.

La siguiente es la clave para lograr una vida llena de felicidad:

La consecución de la felicidad es posible cuando logramos mantener un equilibrio en estos tres aspectos. Es necesario mantener un equilibrio entre la inversión de tiempo en el ámbito familiar, el amoroso y el laboral. El grupo de personas que conforma la familia ocupa una posición prioritaria en nuestra vida, ya que generalmente establecemos nuestro primer vínculo con ellos antes de comenzar nuestra vida laboral. Usualmente, las personas establecen relaciones de pareja antes de ingresar al ámbito laboral, y esto suele ocurrir antes de cumplir los 18 años de edad.

La gran mayoría de las personas invierte considerable tiempo en un aspecto específico, descuidando así los demás aspectos o bien, es posible que se encuentre plenamente comprometida con dos áreas, pero que descuide profundamente la tercera. La clave radica en lograr un balance adecuado de tiempo entre el ámbito familiar, las relaciones de pareja y las responsabilidades laborales. Cada individuo es consciente de la cantidad de tiempo que debe dedicar a cada aspecto de su vida. Lo que puede ser considerado suficiente en términos de tiempo dedicado a la familia para ti, podría ser considerado excesivo para mí, y viceversa.

Permite que te narre un caso ilustrativo en mi adolescencia, cuando solía salir a fiestas o reuniones. En aquel entonces, mi familia, compuesta por cuatro miembros adicionales, solía despedirme en la puerta y observaba mientras me marchaba en mi vehículo junto a mis amigos. A raíz de esta circunstancia, diversos conocidos provenientes de diferentes ámbitos sociales se expresaron, indicándome que al salir de fiesta mi familia se despedía de mí con un gesto similar al de aquellos que se dirigen a la guerra o emprenden un viaje a otro continente. Este es un ejemplo de una familia que no pasa mucho tiempo junta. A mi familia se le ha cuestionado por su tendencia a pasar una considerable cantidad de tiempo junta, ya que puede llegar a ser opresivo. No obstante, la cantidad adecuada de tiempo dependerá de las circunstancias particulares de cada grupo. Por lo tanto, es imperativo comprender que se requiere un equilibrio adecuado entre el tiempo dedicado al trabajo, a la relación de pareja y a la familia, de manera que ninguna de estas facetas se sienta insatisfecha con la cantidad de tiempo que se les dedica, al tiempo que se garantiza que estas tres áreas brinden satisfacción y felicidad personal.

El inconveniente se presenta cuando somos incapaces de percibir que uno de los tres aspectos mencionados está acaparando demasiado de nuestro tiempo y, por lo general, esto se debe a que no estamos dedicando tiempo de calidad a cada una de estas áreas.

Dedicar un extenso período de tiempo a compartir con la familia y la pareja no implica necesariamente satisfacer plenamente las demandas emocionales y sociales en ambas esferas.

Las familias que dedican largas horas de convivencia tienden a experimentar una antipatía mutua entre sus miembros, debido a que invertir demasiado tiempo en alguien que te ama incondicionalmente, pero no aporta nada nuevo, se convierte en un aspecto perjudicial, considerando que ya se conoce todo acerca de esa persona. Este tipo de situaciones son poco frecuentes entre aquellos individuos que laboran en la misma compañía de origen familiar y que, además, residen en estrecha proximidad o incluso comparten residencia. Esta clase de conducta tiene consecuencias perjudiciales para los resultados personales de los integrantes de la familia, ya que promueve conflictos de manera más frecuente. Y cada vez que te enzarzas, ya sea por un breve lapso de 15 minutos o incluso durante varias horas, estás utilizando un tiempo que podrías haber dedicado a impulsar el crecimiento de tu empresa o expandir tu conocimiento y desarrollo personal.

De igual manera ocurre en las relaciones de pareja, en las cuales los enamorados se encuentran prácticamente a diario. Aunque existe un fuerte vínculo amoroso entre las personas involucradas, este factor eventualmente deteriora la relación, lo cual puede resultar en su eventual conclusión debido a la rutina y la posibilidad de infidelidades, conducidas hacia el mismo desenlace.

Por consiguiente, sugiero que no destines un tiempo excesivo a tus responsabilidades familiares ni a tu relación de pareja. Bajo ningún concepto debemos dedicar un exceso de tiempo a estas dos áreas a menos que consideremos su necesidad en consonancia con dos principios fundamentales:

En caso de ser requerido por tu familia o pareja.

Que desees concederlo con alegría

Con la adhesión a estos principios, será posible eludir la manipulación emocional que frecuentemente se ejerce por parte de los progenitores hacia sus hijos, así como por parte de las parejas hacia el destinatario. Un ejemplo sería: "Un caso ilustrativo sería: 'rara vez haces acto de presencia para visitarnos' o 'nuestros encuentros sociales han disminuido significativamente en comparación con el pasado'." Estas dos afirmaciones, siendo la primera referente a la familia y la segunda a la pareja, son ampliamente conocidas y se aplican comúnmente en diversas relaciones. En este caso, no se plantea el debate acerca de quién tiene la razón, sino más bien se centra en cómo dicha inversión temporal contribuye a alcanzar tus metas.

Si en el momento en que te hacen una declaración de tal manera, te percatas de que realmente nunca vislumbras tu meta profesional o de realización, podría ser conveniente aplazarla para abrir paso a un objetivo de corto plazo distinto, que consiste en disfrutar de una grata convivencia familiar. Sin embargo, si decides convivir con ellos por sentirte chantajeado y experimentar culpa, a pesar de considerar que están exagerando, estarías tomando una decisión inapropiada respecto a cómo invertir tu tiempo. Por ende, me permito sugerirte amablemente que te desprendas de esos vínculos emocionales que todos llevamos consigo, con el fin de aprovechar de manera más efectiva tu tiempo. Si los individuos a los que tienes afecto no dependen realmente de tu presencia, es conveniente que no les dediques tu tiempo. Aunque pueda sonar implacable, resulta importante tomar en cuenta que en el futuro tus progenitores no te proveerán de sustento alimentario y tus hermanos tampoco te brindarán esa provisión. A menos que logres establecer una relación de pareja sumamente equitativa y justa, es improbable que ella o él se sienta satisfecho/a apoyándote si tu nivel económico es inferior al suyo. Sería desaconsejable dedicar tu tiempo a eso.

En relación al tema laboral, hay poco que agregar, ya que la cantidad de tiempo que inviertas en tu trabajo dependerá de la actividad que realices. Si consideras que actualmente dedicas demasiado tiempo a tu empleo y estás descontento con la remuneración económica que recibes, te sugerimos iniciar la búsqueda de alternativas de ingresos adicionales. Algunos ejemplos podrían incluir una actividad emprendedora realizada durante los fines de semana o, particularmente, los ingresos pasivos son de mi preferencia. Existe una abundancia de información al respecto en internet y no adentrarse en este tema en particular.

La Velocidad Del Amor

Cuando reflexiono sobre el paso del tiempo, encuentro gran placer en rememorar los momentos de profundo enamoramiento, aquellos en los que las hormonas se desbordan y toda mi existencia se centra en la persona amada, quien se convierte en mi objeto de deseo. Disfruto reflexionar sobre este tema, ya que demuestra de manera evidente que cuando nos sentimos muy interesados en un aspecto de la vida, somos capaces de dedicarnos por completo a ello sin importar las limitaciones de tiempo, energía o distracciones que puedan apartarnos de nuestra dedicación amorosa. Bajo tales circunstancias, seremos capaces de aprovechar la energía subyacente de nuestra conciencia, de modo que los segundos transcurran rápidamente durante la espera, y lentamente cuando estamos junto a nuestro ser amado. Sin embargo, es importante destacar que nunca alcanzarán la velocidad óptima y siempre se verán limitados en cuanto a su lentitud, ya que el tiempo siempre se mueve de manera inversamente proporcional a la velocidad de nuestras aspiraciones. Sin embargo, principalmente me atrae esa cualidad que el amor posee para brindarnos una experiencia del tiempo excepcional, que se arraiga en la memoria de por vida, equilibrando tanto el disfrute como el sufrimiento. Y encuentro esto sumamente intrigante ya que demuestra nuestra habilidad para convertir cada minuto en una experiencia emocionante. Cada uno de nosotros ha logrado encontrar tiempo para dedicar a nuestro ser querido, hemos hecho ajustes en nuestras agendas y hemos superado los obstáculos que podrían haber interferido en nuestra búsqueda de lo que realmente deseábamos. El transcurso del tiempo se entrelazaba con dichos sucesos de manera similar a un hilo metálico fundido, y cada instante consumía cada cosa que le rodeaba.

No sería realista sostener que podemos mantenernos de manera constante en tal estado de activación emocional, ya que esto resultaría sumamente agotador; aunque es importante destacar que existen individuos que desarrollan una adicción a este tipo de experiencias. Sin embargo, considero que resulta intrigante apreciar y suscitar un estado de amor en todas aquellas actividades que nos importa experimentar de la manera más bella e interesante viable.

3.1. Dedicar una cantidad considerable de tiempo a tus pasatiempos es la forma más efectiva de alcanzar la felicidad.

Siempre existe la posibilidad de encontrar tiempo para todo, aunque sea escaso. Si realmente lo deseas, harás tiempo para ello. En este contexto, la propensión y la incitación han sido frecuentemente propicias para transformar los hobbies en una carrera profesional. En consecuencia, numerosas personas se han dedicado a lograr que su empleo esté fundamentado en su pasatiempo preferido, con el propósito de disponer de un considerable periodo de tiempo adicional para dicha actividad. Esta alternativa, que parece ser la solución óptima para enfocar nuestro tiempo en aquello que nos brinda mayor satisfacción y, en consecuencia, llevar una existencia más plena, podría tener efectos adversos.

Cuando dedicas tiempo a tus pasatiempos, los atiendes y los abandonas a tu discreción. No experimentas ninguna tensión y todo se desarrolla en un ambiente de entretenimiento. Si logras alcanzar el éxito, es debido a tus acertadas decisiones, mientras que si fracasas, estarás adquiriendo conocimientos y te desempeñarás mejor en el futuro. Se trata de un juego con escasas responsabilidades. Si optas por transformar tus pasatiempos en tu ocupación laboral, dicho juego pasa a convertirse en tu fuente de sustento y financiamiento, lo cual modifica tu perspectiva. En la situación previa, los errores sin importancia pasaron desapercibidos, pero ahora se han transformado en asuntos de gran relevancia y drama. No obstante, el aspecto más desfavorable se manifiesta a través de la exigencia de la práctica obligatoria. En lugar de poder administrar el tiempo de manera personal, se torna necesario destinar prácticamente la totalidad del tiempo disponible, incluso cuando no se siente el deseo o gusto en un momento específico. El desenlace es que la actividad que previamente era gratificante en el nuevo contexto puede llegar a carecer por completo de su atractivo, al percatarse de que aquello en lo que destacabas como aficionado se transforma en una auténtica adversidad en el ámbito profesional.

Esta perspectiva representa la visión más desalentadora que se podría concebir en relación a dicha transformación de las preferencias laborales. Sin embargo, la realidad es que en mayor o menor medida, este escenario siempre ocurrirá. Por consiguiente, considero prudente reflexionar detenidamente acerca de si deseamos convertir una ocupación que nos brinda alegría en una profesión con los inherentes riesgos que esto conlleva. Se vislumbra de manera evidente que las circunstancias que pueden surgir son extremadamente variadas; no obstante, resultará siempre más conveniente transformar una pasión en una ocupación remunerada en lugar de perpetuar una ocupación desagradable. Sin embargo, si nuestra labor no es tan deficiente, tal vez no sea prudente emprender dicha transformación.

Sin embargo, además de la opción extrema de dedicarnos plenamente a nuestras pasiones y convertirlas en nuestra fuente de sustento, considero que es fundamental otorgarles un papel destacado en nuestra existencia. Si cultivamos intereses que promuevan nuestro desarrollo personal mediante sus virtudes positivas, nos brindarán un impulso para elevar nuestra calidad de vida y alcanzar un nivel superior. Participar en actividades que impulsan nuestra creatividad, que promueven nuestro bienestar físico y mental, que expanden nuestros conocimientos de manera constante y, además, nos ayudan a desarrollarnos como mejores individuos, más felices, considero que merecen ser incluidas como prioridades en nuestra planificación. En última instancia, suelen ser uno de los impulsores de la motivación en esta sociedad cada vez más compleja y perpleja.

El asunto radica en que cualquier afición que se aborde con un nivel de dedicación considerable no se podrá practicar de manera diaria y en cualquier situación. Esto se debe a que en ocasiones será necesario movilizarse o contar con instalaciones y materiales específicos. No obstante, es factible realizar plenamente los planteamientos mencionados en todas las actividades, a través de la realización de los pertinentes preparativos, la meticulosa planificación, la búsqueda exhaustiva de información, el compartir conocimientos y, en definitiva, empleando todas aquellas acciones que posibiliten una experiencia enriquecedora al momento de su práctica. Dado que dicha afición constituye uno de los elementos que contribuyen al enriquecimiento de nuestra vida, resulta fundamental asignarle tiempo tanto de forma directa como indirecta. Es precisamente este tipo de actividades las que tienden a autoorganizarse en nuestra mente para ocupar aquellos períodos de transición que a menudo consideramos carentes de utilidad.

De hecho, poseer pasatiempos poderosos que nutren nuestras vidas equivale a poseer un motor generador de tiempo. La práctica de una afición gratificante no nos otorgará tiempo adicional, sino que la enriquecerá, multiplicando su valor al brindarle una mayor presencia en nuestra vida, lo cual nos hará sentir que hemos vivido de manera más plena y satisfactoria. Experimentar una sensación de plenitud en la vida es uno de los logros más gratificantes que podemos alcanzar, y para lograrlo solo es necesario dedicar más tiempo a aquello que nos brinda felicidad, nos enriquece y nos impulsa a mejorar.

3.2. Los sentimientos se forjan gradualmente

Un aspecto que rara vez se aborda en relación a la productividad es la forma en que gestionamos nuestra vida emocional, nuestras relaciones afectivas, tanto románticas como amistosas. Se presenta como si dicha etapa de la vida existiera en una dimensión temporal desconocida, la cual no requiere dedicarle atención en su estructuración, ya que eso resulta sumamente complicado. Interesado en determinar la cantidad de tiempo necesaria para conquistar a la persona de mi afecto, me gustaría preguntar: ¿Cuánto tiempo debería invertir para lograr este objetivo amoroso? ¿Cuánta cantidad de tiempo se requiere invertir para mantener sólidas mis relaciones más cercanas? ¿Cuál es la duración adecuada para mis encuentros sexuales? Cuánto tiempo suele durar un encuentro social con amigos? Estas preguntas resultan ilógicas, dado que somos conscientes de que no solo carecen de respuesta, sino que, adicionalmente, planteárselas resulta poco racional a menos que se posea una naturaleza robótica o uno se haya transformado en un ser de tal naturaleza. Además, si consideramos abordar estas interrogantes como un ejercicio lúdico y comparamos las perspectivas de diversas personas, podríamos constatar que la divergencia en las respuestas sería significativa. Esto se debe a que las emociones no están limitadas por las normas de la eficiencia y deseo fervientemente que así siga siendo.

Todos, en mayor o menor medida, estamos involucrados en una existencia emocional, y establecemos vínculos afectivos y amistades que nos enriquecen con gratas vivencias. Con respecto a estos asuntos de gran importancia, nos es posible establecer reuniones, emprender actividades, concertar citas, y similares, sin embargo, no nos es factible abarcar todos los aspectos de manera exhaustiva. ¿Cuál sería la experiencia de un amor desprovisto de encuentros inesperados, despojado de momentos en los que se abandona todo por la necesidad de estar con esa persona? O en aquellas ocasiones en las cuales experimentamos gran satisfacción en la compañía de nuestros amigos, a tal punto que modificamos nuestros planes y continuamos dialogando hasta altas horas de la noche o extendemos un viaje de manera inesperada. No podemos prescindir de una existencia estimulante que frecuentemente se halla más determinada por la confluencia de emociones que por una deliberada previsión. ¿Y entonces, qué? ¿Nos invadirá una sensación de incomodidad al tomar un breve descanso de ese proyecto de suma importancia para nuestro equipo? No podemos trasformarnos en individuos risibles sometidos a un esquema laboral, ya que la vida trasciende cualquier empresa que podamos emprender.

En efecto, nuestra percepción del tiempo está condicionada por las emociones, las cuales envuelven y hacen que el tiempo se arraigue en nuestra memoria, ya sea con experiencias positivas o negativas. De este modo, las emociones tienen la capacidad de desbaratar cualquier planificación que hayamos elaborado si nos encontramos inmersos en sentimientos de tristeza o inquietud. Por el contrario, dichos obstáculos pueden brindarnos un impulso adicional de energía para superar una crisis significativa que haya afectado un plan perjudicado por otras circunstancias. Se ha escrito extensamente acerca de la necesidad de separarnos emocionalmente al llevar a cabo nuestras responsabilidades, lo cual demanda nuestra dedicación. Existen numerosas estrategias que abordan las emociones, especialmente aquellas perjudiciales, con el propósito de superar situaciones desafiantes. Considero que muchas de estas ideas son beneficiosas, dado que en determinadas situaciones nos brindan apoyo para avanzar en momentos difíciles de pérdida y duelo. Sin embargo, no nos encontramos limitados emocionalmente a una dicotomía binaria. Nunca podemos transitar directamente de un extremo al otro, es decir, de un estado de ser al opuesto, como reflejo o intención de transformación. Todos los procesos emocionales experimentan una progresión gradual durante su desarrollo. La duración del proceso para asimilar el impacto emocional de una situación que nos afecta puede variar en función de diversos factores, sin embargo, nunca será instantáneo, a pesar de que desearíamos que así fuera.

Ya sea que lo aprobemos o no, estamos sujetos a la influencia de nuestras emociones. Con base en nuestra disposición individual, nuestra habilidad para la introspección, el autoconocimiento, y nuestra capacidad de relativizar los desafíos de la vida, sumado a nuestra resiliencia, finalmente lograremos, transcurrido un periodo de tiempo, recuperarnos de las experiencias negativas o atenuar su intensidad en caso de ser positivas. Sin embargo, durante ese período, se verá alterado el tiempo y se perturbará la experiencia de todo lo implicado en ese proceso, ya que las emociones impregnan todos los aspectos como un fluido existencial que penetra en los poros de la materia y del pensamiento.

Pudiera darse la impresión de que esta concepción sobre el impacto de las emociones en nuestra percepción del tiempo es una perspectiva negativa. No lo es. Considero que la estrategia más eficaz para erradicar la ansiedad de nuestras vidas radica en comprenderla y reconocer que la pérdida de control sobre la fluidez temporal es simplemente el resultado coherente de las circunstancias que nos rodean, y que una vez superadas, los eventos volverán a desenvolverse en consonancia con nuestras expectativas. La existencia se rige por ciertos ritmos y podemos armonizarnos con ellos para reducir conflictos y recuperarnos con mayor facilidad.

Conocimiento

Agregador de enlaces[3]

Mediante esta función, dispondrá de un agregador de enlaces que le permitirá recopilar direcciones web de noticias o cualquier tipo de contenido relevante proveniente de diversas fuentes.

Aplicaciones asociadas

Feedly es ampliamente reconocido, y se le ha considerado casi como el sucesor de Google Reader, ya que brinda una de las opciones más destacadas para administrar y organizar tus fuentes de noticias. No obstante, hay individuos que no hacen uso de su capacidad para brindar recomendaciones de contenido, limitándose únicamente a gestionar aquel que ya conocemos. La exploración y el seguimiento nos brindan la oportunidad de descubrir y acceder a diversas fuentes de información en función de nuestros intereses, mediante el uso de temas relevantes, palabras clave o incluso el nombre de un medio que abarque múltiples secciones. Además, tienes la opción de establecer notificaciones personalizadas acerca de un tema de tu interés particular, a fin de recibir contenido relevante en tu línea de actualizaciones.

Funciones

Con el fin de almacenar en tu lista de suscripciones los sitios web de tu elección, simplemente debes añadir aquellos artículos o contenidos que consideres pertinentes utilizando esta función. Posteriormente, tendrás la capacidad de clasificarlos con base en su popularidad, la pertinencia del tema e incluso en una secuencia temporal. Adicionalmente, tendrás la opción de resaltar en primer lugar aquellos enlaces que consideres más populares, sin restricciones temáticas. Además, a medida que se explora Internet, se pueden visualizar las actualizaciones más recientes en algunas de las páginas más destacadas de actualidad, englobando no solo material escrito, sino también fotografías y contenido audiovisual.

Si su objetivo es averiguar cuáles son los temas que están generando mayor repercusión en línea diariamente, puede lograrlo mediante la selección del botón 'temas populares'. Inmediatamente se desplegará una enumeración de los temas de actualidad, los cuales podrás almacenar en caso de resultarte relevantes. Además, tendrás la posibilidad de recibir recomendaciones de compilaciones de artículos vinculados a un tema en particular, o incluso de aquellos suministrados por un individuo. Asimismo, tendrás la oportunidad de compartir tus sitios favoritos con una comunidad de usuarios que comparta tus mismos intereses en los enlaces que has guardado. Finalmente, la función emitirá notificaciones cuando detecte cualquier tema que pueda resultar de tu interés, permitiéndote añadirlo a tu lista de seguimiento.

Importancia

Un agregador de enlaces adquiere relevancia en caso de requerir la consolidación de direcciones web que alberguen noticias o contenido de interés, carácter informativo y potencialmente entretenedor. La ventaja de ello radica en que se puede llevar a cabo utilizando una amplia variedad de fuentes. Esta herramienta resulta sumamente beneficial para aquellos que disfrutan explorar continuamente información relacionada con temas específicos, ya que facilita el descubrimiento de nuevos aspectos sobre dichas áreas. Otra manera de enriquecer tanto nuestra vida personal como profesional reside en el hecho de que nos exime del inconveniente de tener que navegar por el vasto océano de opciones que ofrece internet, sobrecargado con una avalancha de información, gran parte de la cual carece de relevancia para nosotros.

Además de esto, es importante destacar que estos agregadores han experimentado un significativo avance en comparación con años anteriores, cuando solo disponíamos de lectores de feeds obsoletos o dependíamos de recomendaciones personales para realizar búsquedas y, en caso de interesar, añadirlas a nuestro lector de feeds. Tal circunstancia fue superada. En el presente momento, es posible beneficiarse de una amplia variedad de aplicaciones que se adaptan a nuestros intereses. Si deseas ampliar tus fuentes de información y explorar nuevos sitios web, esta función resulta sumamente beneficiosa.

Asentamiento De Hábitos Positivos

Mediante esta función, tendrás la capacidad de fijarte y lograr la implementación de hábitos sobresalientes en tu rutina diaria, con el fin de mejorar tu salud y productividad en relación a cualquier objetivo que te plantees.

Aplicaciones asociadas

El Plan de Seguimiento de Hábitos, concebido con el propósito de establecer una rutina saludable. Desde aspectos laborales hasta asuntos más personales, el Plan Habitual de Racha opera a través de series de éxitos, reflejando el progreso en nuestra cadena de logros para motivarnos a superarnos continuamente. Una de las características más notables de esta función es su capacidad para recibir recordatorios, aunque no sean programados para el futuro, sino que sean retroactivos. ¿Qué quiere decir esto? Cada día, a una hora designada, la aplicación nos consultará si hemos cumplido con la tarea que se nos había asignado el día anterior, como por ejemplo, evitar fumar o ir al gimnasio, con el fin de incrementar nuestro historial de logros.

Funciones

Mediante esta función, podrás establecer hábitos y realizar un seguimiento exhaustivo de su progreso a lo largo de los días, mientras te esfuerzas por alcanzar tus metas. El seguimiento puede ser realizado mediante la configuración de calendarios, recordatorios, listas de tareas, notas relevantes y cualquier otra forma de documentación, con el objetivo de alcanzar los objetivos establecidos. Adicionalmente, tienes la opción de compartir listas y asignar tareas en caso de que alguien necesite acompañarte en estas nuevas rutinas. Si usted desea maximizar cada intervalo de tiempo disponible, puede establecer un evento periódico de 20 minutos en su calendario diario para recordarle la importancia de realizar ejercicios de meditación, revisar las tareas diarias o identificar momentos propicios para visitar el gimnasio. Crear una alarma que le notifique el momento adecuado para realizar estas actividades físicas también puede ser beneficioso.

Además, la finalidad de esta función consistirá en estimularte a alcanzar tus objetivos, fomentando tu motivación y brindándote una experiencia interactiva mediante la superación de niveles progresivos. Para lograr esto, se te enviarán notificaciones durante tu día laboral con el propósito de recordarte, felicitarte e incluso brindarte consejos para mantener el progreso continuo.

Importancia

Esta característica nos permitirá de manera fácil y eficiente planificar nuestras jornadas y dar seguimiento a todas nuestras actividades diarias, tanto en el ámbito laboral como en el personal. Si has establecido objetivos como el abandono del hábito de fumar, la práctica regular de ejercicio, aumentar la duración del sueño, despertar temprano o dedicar una hora diaria a la lectura, esta función te proporcionará un camino definido, controlado y eficiente para alcanzar dichos propósitos. Tenga en cuenta que el establecimiento de nuevos hábitos no es una tarea fácil de lograr en un corto periodo de tiempo. En numerosas ocasiones, nuestra inclinación a la inacción termina por dificultar el proceso de adoptar esos hábitos saludables que anhelamos lograr. En ocasiones, la complejidad de la rutina puede ser un factor, mientras que en otras ocasiones puede ser la carencia de incentivos. En cualquier caso, resulta más conveniente disponer de la asistencia de un sistema automatizado que facilite la consecución de los objetivos planteados.

Es posible contar con un sistema inteligente en tu dispositivo o tablet que te brinde de manera amigable, sencilla y práctica recordatorios de tus objetivos, alentándote a alcanzar los hábitos que te habías propuesto. En la actualidad, se dispone de una utilidad que posibilita prevenir la pérdida de enfoque y promueve la atención mediante una configuración simple y veloz, la cual te acompañará durante el proceso de optimización de tus comportamientos.

Motivos Que Causan La Procrastinación

Anteriormente he explicado que la procrastinación se origina principalmente en la estructura cerebral, y no tanto en la pereza. Cuando nos enfrentamos a una tarea difícil o pesada, se produce un conflicto entre el cerebro reptiliano y la corteza prefrontal. El cerebro reptiliano busca conservar energía y envía diversas señales para evitar el inicio de la acción, como el hastío, el aburrimiento o la falta de motivación. Por otro lado, la corteza prefrontal reconoce los beneficios a largo plazo de completar dicha tarea. Sin embargo, los instintos prevalecen sobre la razón en la mayoría de las ocasiones, resultando en la victoria del impulso más fuerte sobre el razonamiento. Sin embargo, conforme hemos observado y continuaremos observando a lo largo de esta obra, la derrota no es un destino inevitable.

Además, se presentan otros motivos por los cuales llevamos a cabo la procrastinación. Veámoslas:

El entorno

Indudablemente, el contexto ejerce una influencia, ya sea beneficiosa o perjudicial. Desde mi punto de vista, me identifico como un apasionado del acondicionamiento físico. Disfruto enormemente de las sesiones de entrenamiento. Sin embargo, ¿sabes qué? No me resulta muy gratificante realizar ejercicios en el hogar, pero experimento una profunda satisfacción al hacerlo en el contexto de un establecimiento deportivo.

Individuos frecuentemente me comunican que perciben que experimento felicidad durante mis actividades en el gimnasio, y de hecho, su apreciación es acertada. Sin embargo, mi compromiso con el entrenamiento en casa no es tan consistente. Durante el año 2020, en pleno contexto de la pandemia en el cual se encontraban cerrados todos los centros de gimnasia, me vi obligado a realizar mis rutinas de ejercicio en el ámbito doméstico. A pesar de ser una persona con disciplina y haber realizado efectivamente entrenamientos en casa, lamento manifestar mi desagrado hacia dicho proceso. Resulta lógico, dado que en mi residencia me encontraba sin compañía, no obstante, en el gimnasio siempre hay individuos que se dedican a ejercitarse, generando así un entorno más propicio.

La cercanía a las provocaciones

En la película El vuelo se ilustra este punto de manera magistral a través de una escena específica. En ella se muestra a Whip Whitaker, personaje interpretado por Denzel Washington, como un piloto de aviones que enfrenta serios desafíos derivados de su adicción tanto a las drogas como al alcohol. Estas circunstancias le ocasionan conflictos tanto en su entorno laboral como en el ámbito legal, sin embargo, no te preocupes, no te revelaré información clave de la trama. Los abogados están trabajando para rehabilitarlo de su adicción y, en vísperas de su comparecencia en el estrado como testigo, lo apartan en una habitación de hotel... sin embargo, incurren en un error al dejar un minibar repleto de bebidas alcohólicas en la habitación. ¿Resiste la tentación? Definitivamente no es así. Además, deberá comparecer en el juicio bajo la influencia del alcohol. Si la presencia de la tentación (el frigobar abastecido de bebidas alcohólicas) no hubiese existido en la habitación, los acontecimientos no se habrían desarrollado de la misma manera.

El inconveniente de las tentaciones contemporáneas radica en su creciente intensidad y, especialmente, en su mayor disponibilidad. Consideremos el caso de la pornografía. Antaño, si los ancestros deseaban acceder a dicho contenido, su única alternativa era presenciar la actividad sexual de otra pareja, lo cual implicaba una empresa bastante ardua. No obstante, en la actualidad, los videos pornográficos se encuentran a un simple clic de distancia. Debido a su capacidad adictiva y su prominente éxito, a pesar de las limitaciones para obtener una cifra precisa debido a la presencia de numerosas empresas no registradas en línea, se estima que la industria de la pornografía genera aproximadamente 100.000 millones de dólares en ingresos anuales a nivel mundial. (10)

Durante la década de los años 30, el principal entretenimiento estaba representado por las películas; en los años 60, experimentamos el apogeo de la televisión; en los años 70, los videojuegos adquirieron protagonismo; y en la actualidad, la principal atracción se encuentra inexorablemente vinculada a Internet. Tanto en las redes sociales como en las series, todo lo que se difunde en Internet persigue un único objetivo: captar tu atención. Efectivamente, su dinero también, sin embargo, para adquirirlo, primero, deben captar su atención. Por lo tanto, es recomendable ejercer precaución en cuanto a la administración de tu tiempo, tu atención y tu dinero, evitando otorgarlos de forma indiscriminada.

Falta de confianza

La anticipación de los logros que una persona considera alcanzables no solo determina su éxito o fracaso, sino más gravemente, determina si tomará o no acción para lograrlos.

Frente a un proyecto o deseo de gran envergadura, una persona con escasa autoconfianza reflexionará:

Sería un logro valioso de alcanzar, no obstante, dado su nivel de dificultad, quizás sea más prudente posponerlo y dedicar mi tiempo al entretenimiento cinemático; sin embargo, lo abordaré posteriormente.

Indudablemente, decir "lo haré más tarde" equivale a decir "no lo haré nunca"; proclamar que lo harás más tarde es una artimaña de tu mente para apaciguar tu ego, pero nada más que eso.

En contraste, una persona que posea un alto nivel de autoconfianza reconoce que la tarea que tiene por delante supone un desafío, sin embargo, también es consciente de que cuanto antes la emprenda, más pronto cosechará los frutos deseables. En consecuencia, ¿qué medidas toma? Comienza a trabajar sin demora

Exceso de optimismo

El complemento al desafío de la falta de confianza se encuentra en la tendencia hacia un exceso de optimismo. La persona que exhibe un exceso de optimismo reflexiona: "

Poseo amplias habilidades para llevar a cabo esta tarea y aún dispongo de un tiempo considerable. Sería más conveniente que aproveche este momento para disfrutar de una película y, posteriormente, con una mayor tranquilidad, me dedique a trabajar.

Gran parte de las personas minimiza la tarea que se encuentra ante ellos, por esta razón, Tony Robbins sugiere que "exageramos nuestras habilidades para lograr en una semana y subvaloramos lo que podemos lograr en diez años".

Indudablemente, no estoy afirmando que un mínimo de optimismo sea perjudicial, sin embargo, es imperativo que también adquiramos una dosis de realismo, es decir, una forma de optimismo fundamentada en una creencia legítima en nuestra propia capacidad de alcanzar nuestras metas, pero siempre manteniendo en mente que nos espera un trabajo arduo.

Falta de energía

Tal y como mencioné previamente, la existencia presenta una paradoja intrínseca: cualquier progreso conlleva una regresión. Durante la época prehistórica, el ser humano se veía obligado a mantener un constante desplazamiento con el objetivo de buscar alimentos, cazar y garantizar su supervivencia, siendo incapaz de concederse períodos de descanso. Sin embargo, en la actualidad, la vida ha experimentado un notable incremento en términos de comodidad y conveniencia. No obstante, existe un fenómeno creciente que se ha vuelto común entre la mayoría de las personas: el sedentarismo.

Sí, la mayoría de individuos presenta un estilo de vida sedentario. Los niveles de obesidad y enfermedades consecuentes del estilo de vida sedentario son motivo de profunda preocupación: solamente en el año 2016 se informó que 1.900 millones de individuos presentaban sobrepeso y 650 millones sufrían de obesidad, representando el 39% y el 13% de la población global, respectivamente (11). Todas estas circunstancias, en conjunción con la dieta inadecuada y la ausencia de actividad física, constituyen una combinación letal para la especie humana.

Regularmente lo encuentro en el gimnasio. Tal como mencioné anteriormente, soy un apasionado del fitness. Por lo tanto, si coincidimos en el mismo gimnasio, es muy probable que me veas con frecuencia, prácticamente sin excepción, durante los doce meses del año. Sin embargo, esto no es aplicable a la mayoría. Durante los meses anteriores al verano, es común observar un incremento en la afluencia de personas en los gimnasios, ya que hay un interés generalizado por lucir un aspecto físico favorable y atractivo. Sin embargo, una vez concluida la temporada, los gimnasios vuelven a quedar desocupados y son frecuentados únicamente por las mismas personas disciplinadas de siempre, hasta que llega nuevamente la primavera y el ciclo se repite.

Ausencia de un objetivo en la existence.

Entre todas las justificaciones que llevan a la procrastinación, considero que esta es la más común y, a su vez, la más perjudicial. La carencia de confianza y el exceso de optimismo pueden ser abordados y mejorados en el corto y mediano plazo, mientras que la insuficiencia de energía puede ser remediada a través de un estilo de vida más activo, la práctica de ejercicio físico y una alimentación adecuada. Sin embargo, la carencia de un sentido en la vida no es un asunto de tan fácil solución.

La gran mayoría de individuos llegan a este mundo, transitan por la vida y parten sin haber alcanzado jamás su propósito, y al carecer de este propósito, pasan desapercibidos en este trayecto terrenal.

Steven Spielberg expresa: "Mi nivel de entusiasmo al despertar es tan alto que me resulta incluso imposible tomar el desayuno" (12). No obstante, ¿conoce usted a muchas personas que experimenten un nivel de entusiasmo similar al levantarse? Pocas, o ninguna.

Aunque descubrir nuestro propósito de vida no es una tarea sencilla y no es el tema central de este libro, te garantizo que es de crucial importancia para superar la tendencia a procrastinar. ¿Crees acaso que Spielberg tiende a posponer las cosas? Queda claro que no. No procrastinador se levanta con tal grado de entusiasmo que prescinda del desayuno.

No Posees Conocimiento Sobre Cómo Comenzar O Ejecutar Esta Acción.

Comprendo tu perspectiva, frecuentemente postergamos debido a la falta de claridad en cuanto a cómo iniciar o cómo proceder una vez que hemos dado el primer paso. Quédate tranquilo, es normal. Ningún individuo emerge como un experto desde su origen, más bien todo individuo inicia su camino como aprendiz. De manera que, ¿por qué te esfuerzas por ejecutar todo correctamente en primer intento?

En caso de carecer de conocimiento acerca de cómo iniciar, se sugiere adoptar los siguientes pasos: indagar sobre las fuentes de información pertinentes relacionadas con el inicio de dicho proyecto o actividad, otorgándole preferencia a aquellas de carácter remunerado; o bien, buscar el apoyo de individuos que hayan experimentado previamente el proceso y obtenido resultados exitosos, es decir, una figura más avanzada y experimentada en la materia, conocida como mentor. Esta persona podrá brindarte una orientación efectiva debido a su experiencia previa, la cual incluye haber atravesado una situación similar a la tuya.

En el caso de desconocer el procedimiento, le sugiero seguir la misma recomendación: adquiera conocimientos a través de cursos, videocursos o libros que presenten los pasos que debe seguir, teniendo en cuenta siempre que existen marcadas diferencias entre la teoría y la práctica.

Sin embargo, en ambos escenarios, te corresponderá llevar a cabo la misma acción: ¡iniciar! Aprovechando los recursos disponibles y partiendo desde tu ubicación actual. Es sumamente preferible emprender algo y enfrentar fracasos que no hacer nada, ya que de esta manera adquieres conocimientos sobre lo que no debes hacer; es decir, obtienes aprendizaje. Adicionalmente, es importante tener en cuenta dos aspectos: en primer lugar, resulta imposible conocer todos los pormenores de una situación de antemano antes de dar inicio a la acción; en segundo lugar, todos experimentamos una resistencia inicial que nos induce a la inactividad cuando intentamos iniciar un proyecto, sin embargo, una vez en marcha, las cosas se tornan más manejables. En consecuencia, Guy Kawasaki afirma que "El aspecto más desafiante de comenzar es, de hecho, comenzar".

¿Cuál Es La Definición De Toma De Decisiones Y Cuáles Son Sus Implicaciones?

De acuerdo con el teórico William Greenwood, la toma de decisiones abarca el acto de seleccionar entre una variedad de alternativas viables teniendo en cuenta las limitaciones de recursos, todo en pos de lograr los resultados deseados.

En el ámbito empresarial, consistiría en establecer una situación o desafío y examinar las distintas alternativas existentes para resolverlo, implementando la más pertinente. Posteriormente, se llevaría a cabo un análisis exhaustivo para determinar si se ha logrado o no el objetivo planteado. Dentro de este contexto, se trata de uno de los procedimientos fundamentales, dado que las ramificaciones de las determinaciones pueden repercutir directamente en la configuración o en los beneficios de una organización.

Tanto en la esfera personal como en el ámbito empresarial, debemos enfrentarnos a diario a una multitud de decisiones que debemos tomar. Algunas de ellas son decisiones rutinarias o insignificantes, mientras que otras tienen una gran relevancia, por lo que debemos tener en cuenta varios factores para distinguir unas de otras:

- Efectos a largo plazo: si tienen un impacto significativo en el futuro, serán considerados relevantes; de lo contrario, se considerarán de menor importancia.

- Irreversibilidad: En caso de que no sea factible revertirlo o resulte arduo hacerlo, se requiere destinar recursos hacia la consecución de una solución.

- Repercusión: Si tiene repercusiones en otras áreas de tu vida o empresa, también es relevante dedicarle esfuerzo. Si estamos hablando de una repercusión única, es menos trascendental. - Efecto: Si tiene efectos en otras facetas de tu vida o empresa, también es importante invertir esfuerzo en ello. Si estamos hablando de un efecto aislado, su importancia es menor. - Influencia: Si influye en otros aspectos de tu vida o empresa, también es crucial dedicarle esfuerzo. Si estamos hablando de una influencia única, su trascendencia es menor. - Consecuencia: Si tiene consecuencias en otras áreas de tu vida o empresa, también merece la pena ponerle esfuerzo. Si estamos hablando de una consecuencia única, su importancia es menor.

- Calidad: Hacemos alusión a los aspectos éticos, la satisfacción, las implicaciones jurídicas, las relaciones, la imagen, los principios de comportamiento, etc. Si involucra múltiples elementos, debe considerarse con mayor seriedad.

- Frecuencia: Una resolución extraordinaria por lo general requiere la dedicación de un período de tiempo. Si ocurre con gran frecuencia, suele tener menos relevancia.

La proactividad y el enfoque son elementos de suma importancia en mi proceso de toma de decisiones como coach.
Nuestro poder para tomar decisiones está relacionado con nuestra habilidad para asumir riesgos. No obstante, también conlleva la necesidad de ejercer la creatividad y buscar soluciones alternativas para situaciones ya

existentes o desafíos que aún no han surgido.

Con respecto a la proactividad, me refiero a la disposición de no aguardar pasivamente a que los eventos ocurran para tomar decisiones y emprender acciones.

Si te limitas a aguardar el transcurso de los acontecimientos, sin tomar decisiones, estás adoptando una postura reactiva, sin anticipar ningún aspecto. Y lo que pasa entonces es que las decisiones son forzadas por la situación y casi siempre tienen una sola alternativa de actuación. Por otro lado, al ser proactivo, se presentan diversas opciones para elegir diligente y se dispone de herramientas para tomar la decisión pertinente.

Y, tal como mencioné anteriormente en mi rol como coach y divulgador de la neurociencia, el enfoque adquiere una gran relevancia para mí. Desde qué perspectiva observas la determinación. El discernimiento entre identificar desafíos o hallar propuestas favorables y enfocarse en soluciones se traduce en un mejoramiento de la calidad de nuestra experiencia, tanto a nivel individual como organizacional, y en la obtención de resultados excepcionales.

La actitud positiva hacia los desafíos te ofrece:

Contemplar los contratiempos como posibilidades de desarrollo.

- Mantener una actitud optimista en relación al hecho de que los desafíos pueden ser resueltos. - Poseer un enfoque positivo al reconocer que los problemas pueden ser solucionados. - Adoptar una mentalidad optimista al creer que existe una manera de resolver los problemas.

Considerar que posee la aptitud necesaria para afrontarlos (lo cual reviste una gran importancia a nivel cognitivo).

Debe estar dispuesto a dedicar tiempo y esfuerzo para lograr sus objetivos.

- Te asiste y predispone a afrontar la situación. - Te proporciona apoyo y prepara para enfrentar la situación. - Te brinda ayuda y fomenta disposición para afrontar la situación. - Te ofrece asistencia y predisposición para abordar la situación.

Un enfoque desfavorable hacia el problema implica:

- Percibir los problemas como riesgos (según lo expuesto en otros apartados, sabemos que esto inhibe las capacidades analíticas, creativas, etc. de la corteza prefrontal).

- Sostener la creencia de que carecen de remedio." "- Considerar que no poseen una solución viable." "- Mantener la convicción de que no hay forma de resolverlos." "- Estimar que no cuentan con una resolución factible." "- Concebir que no haya una solución disponible.

- Albergar dudas acerca de nuestra capacidad para resolverlos.

- Experimentar frustración y estrés cuando te encuentras ante un contratiempo.

Únicamente te adiestra para enfrentarte, como se pudo observar en términos de la función del cerebro reptiliano, para adoptar el estado de 'combate' (que abarca alternativas como la evasión o la ocultación del problema).

Cesa tus quejas y comienza a tomar acción.

La futilidad de la queja y cómo abandonarla. Resulta sumamente beneficioso meditar y tomar acción.

Tiene que tener en cuenta tres reglas: no permita que los pensamientos negativos se prolonguen. Y aprovecha el optimismo que emana de la voluntad. Procure compañías que evocan empatía y generan alegría. Enfrenta los desafíos y toma medidas.

El año recién concluido presentó numerosos desafíos para numerosas personas, sin embargo, es de vital importancia estar debidamente preparados, inclusive a nivel psicológico, para encarar de manera más efectiva los venideros 12 meses en vista del año nuevo. Ante las adversidades y durante este período, se evidencia la escasez de acciones en lugar de meras palabras.

Requerimos una precisa definición y un retiro de una corriente predominante: la inclinación a la lamentación, a la autorrecompensa, a un modo de vida en el cual uno constantemente se percibe como víctima de algo o de alguien. A modo de ejemplo, evitar expresar constantes quejas. Es inútil. Se trata de una respuesta improductiva, que propicia el descontento y la apatía, y conduce a la aceptación pasiva.

¿Cuál es la ineficacia de expresar quejas?

En cambio, estos años nos exigen desarrollar la capacidad de adaptación, ser flexibles en nuestros comportamientos y estar dispuestos a modificarlos según las circunstancias. La primera estrategia efectiva para evitar quejarse consiste en suprimir los pensamientos negativos y reemplazarlos por ráfagas de optimismo (de la voluntad). Contempla los desafíos laborales, las circunstancias inesperadas y la respuesta impulsiva de expresar descontento. Realice acciones opuestas: tenga presente que en la actualidad el empleo es prácticamente un privilegio y, en cualquier caso, un afortunado acontecimiento. Sin duda, cuenta con la capacidad para mejorar su situación.

Inutilidad de la queja.

La segunda norma establece que no debes buscar apoyo en tu queja. Es importante tener en cuenta que expresar quejas con frecuencia puede generar la percepción de distanciamiento por parte de los demás y puede llevar a situaciones de rechazo. Incluso te vuelves insoportable. Expresa la liberación del pesar a través de la ironía, la despreocupación y la concepción de la existencia en la que no todo debe ser tomado con seriedad. Además, procure buscar la compañía de individuos cuya presencia irradie amabilidad y alegría. Eres una influencia para los demás.

En vez de emitir quejas, tomar acción

En conclusión, la norma final consiste en llevar a cabo acciones. El lamento, en mi opinión, conduce hacia la inactividad, hacia la calma de la actitud de \\\"me suceden numerosos eventos\\\". En contraste, la acción demuestra de manera tangible que estás asumiendo una responsabilidad, incluso hacia tu propio ser, y te esfuerzas por ejercerla de manera óptima. Observarás que en ese momento las circunstancias experimentarán una mejoría.

El diario del procrastinador. Cada vez que me enfrento a un proyecto de consultoría de gestión complejo, comienzo realizando un análisis AS-IS o, en otras palabras, una representación detallada de la situación actual de la empresa. Si deseas abordar eficazmente tu dificultad de procrastinación, el primer paso consiste en adquirir una comprensión profunda de cómo gestionas tu tiempo diariamente. En los próximos tres días, por favor tome registro detallado de todas las actividades llevadas a cabo a lo largo de cada jornada. Con ese propósito, puedes emplear una entrada en la aplicación de tu dispositivo móvil. En cada instancia en la que realices un cambio de actividad, registra el nombre de dicha actividad junto con la cantidad de tiempo que le dedicas (por ejemplo, utilizar Facebook - 45 minutos). Por el momento, solicito que no interfieras de ningún modo; simplemente registra tus actividades de forma imparcial, tal como lo haría un observador externo. Después de transcurrir el lapso de 3 días, te sugiero reflexionar sobre los resultados emanados de este elemental ejercicio, ya que podrían causar asombro.

La técnica de entregar 'noticias desfavorables'. Por favor, tome su agenda de persona que pospone las tareas y marque con un bolígrafo las actividades que están estrechamente vinculadas a su objetivo principal (por ejemplo, estudio, trabajo, salud, etc.). Aquí... Si eres propenso a la procrastinación crónica, me complace ofrecerte una perspectiva poco alentadora: es altamente probable que estas actividades sean escasas y que el tiempo total que les has dedicado sea insignificante en comparación con la duración total de tus días. ¿Cuál es el propósito de llevar una existencia en la cual destinamos una gran cantidad de tiempo a actividades sin sentido, privándonos así de dedicarnos de lleno a los objetivos que realmente valoramos? El objetivo de los dos primeros ejercicios radica en fortalecer tu comprensión sobre las repercusiones negativas derivadas de la postergación.

La pregunta \\\"mágica\\\". Con frecuencia nos encontramos posponiendo una decisión de gran importancia para otro día. Analizamos exhaustivamente los beneficios y las desventajas de nuestras opciones. Nos comprometemos a nosotros mismos a tomar esa desafiante decisión en caso de que las circunstancias sean más propicias (es decir, improbablemente). Aguardamos con expectativa alguna eventualidad que nos brinde orientación. El temor a la innovación determina tal comportamiento: estamos plenamente conscientes de que el cambio posiblemente nos conducirá a una situación más favorable, pero nos encontramos tan arraigados a nuestra situación actual que nos aterrorizan y paralizan las novedades, los cambios y los desafíos nuevos. Ante estas circunstancias, es recomendado plantearse una interrogante de índole simple: ¿cuál sería el desenlace más desfavorable posible?

El bloque de estudiantes. Haría una apuesta simbólica de que te faltan alrededor de 4 o 5 exámenes para obtener tu graduación, ¿no es cierto? Es frecuente que los estudiantes universitarios, cuando se acercan al final de su carrera, comiencen a aplazar los exámenes finales y la elaboración de la tesis. La opinión predominante sugiere que esta situación es resultado de la fatiga acumulada a lo largo de los años, sin embargo, la motivación subyacente es considerablemente dispar. La culminación de los estudios universitarios marca el cierre de una etapa de gran trascendencia en nuestras vidas. Poseemos un profundo conocimiento de los diversos ritmos que rigen la vida universitaria, desde las clases en el aula hasta la preparación de exámenes y todas las actividades que ello implica. No obstante, desconocemos por completo lo que nos aguarda en el futuro. La sensación de vacío que experimentamos nos genera temor y nos paraliza, incitándonos a caer en la procrastinación. Adicionalmente, resulta de suma importancia plantearse la cuestión trascendental pertinente; no obstante, adquiere aún mayor relevancia reducir al máximo la ambigüedad. ¿Algunos ejemplos? Gana experiencia profesional mediante la realización de prácticas o compite con los estudiantes de tu carrera que estén en su último año. Es importante destacar que este obstáculo no se limita exclusivamente a los estudiantes, sino que también es frecuentemente experimentado por los jóvenes profesionales que desean realizar un cambio laboral. Se rigen las mismas normas: con el fin de poner fin a la procrastinación, es fundamental restringir la ambigüedad.

El perdón. La incertidumbre no constituye la única raíz de la postergación. Existe otro factor de gran relevancia: el resentimiento. Imaginemos que estamos postergando una tarea que nos resulta poco placentera. Bajo estas circunstancias, es plausible que estemos manifestando una resistencia (de manera consciente o inconsciente) hacia la autoridad, ya sea en relación a los padres que han decidido nuestra profesión por nosotros, o el empleador que nos impone una labor que detestamos, entre otros ejemplos. Con el propósito de superar la tendencia a la procrastinación, es fundamental que inicialmente adquiramos una clara consciencia de nuestros patrones de resistencia pasiva. Sin embargo, únicamente cuando hayamos realizado el acto de perdonarnos a nosotros mismos y a la figura de autoridad con la que nos hemos rebelado, estaremos en condiciones de recuperar nuestro compromiso sin experimentar ningún obstáculo.

El modelo de precisión. Una de las características usuales del individuo que padece de procrastinación crónica es su inclinación a realizar generalizaciones. En el discurso interno característico de un individuo que pospone todo, surgen oraciones como: "Jamás lo lograré", "Resulta imposible", "Siempre me ocurre lo mismo", "Siempre termina de esta manera". Estas breves expresiones aparentemente inofensivas pueden tener un impacto negativo si deseamos llevar a cabo acciones. Con el fin de erradicar esta constante charla negativa, es necesario que adoptemos el enfoque de precisión. En cada ocasión en la que añadas una afirmación de carácter general, como las que se presentan en los ejemplos, te insto a que la cuestiones reflexivamente empleando preguntas del siguiente tenor: "¿Existe alguna instancia concreta en la cual alguien haya experimentado éxito verdadero?", "¿Es esta situación un patrón consistente o ha ocurrido solamente en un número limitado de ocasiones?", "¿Podemos afirmar con certeza que dicha situación se presenta únicamente en mi caso, o también se ha manifestado en otros individuos?". En conclusión, adquiere la capacidad de utilizar tus propias artimañas en detrimento de tu pensamiento.

El principio de Pareto. La búsqueda de la perfección es otra de las principales causas que incita a postergar las tareas. El procrastinador típico exhibe la connotada disposición de "todo o nada". Admitelo Cuántas veces has aplazado debido a la incertidumbre de poder lograr un resultado óptimo en su totalidad? ¿Estoy cerca? En situaciones similares, es necesario adquirir la habilidad de implementar el principio de Pareto: abstenerse de buscar la totalidad del resultado. Está perdiendo el tiempo. Enfoque su atención en el 20% de las actividades que le proporcionan el 80% de los resultados y deje de lado el resto. Resulta de mayor importancia finalizar cinco actividades con un grado de ejecución del 80% que concluir solo una actividad con un grado de ejecución máximo del 100%.

El secreto de la hora inicial. Superar la tendencia a postergar suele depender del establecimiento de un ritmo constante. En caso de desear mejorar la productividad durante los días, es recomendable dirigir la atención hacia las tareas llevadas a cabo en las primeras horas matutinas.

Técnica del tomate. Este método es tradicional. Tal como hemos mencionado previamente, superar la procrastinación implica encontrar el ritmo adecuado. Los maratones laborales son infructuosos: adquiere la habilidad de intercalar períodos de estudio/trabajo intensivos con pausas estratégicas. La metodología del tomate proporciona una solución directa a esta problemática.

Los Estudios Sobre Procrastinación

La investigación científica de la procrastinación

A pesar de que la procrastinación ha ido adquiriendo mayor reconocimiento entre el público en general a medida que pasa el tiempo, la mayoría de la información disponible sobre este tema, especialmente en Internet, proviene de fuentes secundarias e incluso de terceros. Estas personas examinan con avidez un contenido y proceden a interpretarlo según su propia interpretación o conveniencia, sin profundizar en sus orígenes, para luego difundirlo. Existe una abundancia de información que se repite constantemente y cuya veracidad es dudosa, además de carecer de contenido respaldado por teorías confiables. El propósito de este capítulo consiste en presentar y elucidar información sobre el tema proveniente de fuentes que han llevado a cabo investigaciones rigurosas, incluyendo la nuestra propia, a fin de proporcionar una comprensión científica, desprovista de cualquier especulación.

A lo largo de la obra, he procurado emplear un lenguaje didáctico con el fin de simplificar la comprensión de numerosos términos e ideas poco habituales, los cuales considere pertinentes para un análisis riguroso sobre la procrastinación. Tradicionalmente, se ha llevado a cabo una investigación de este fenómeno a partir de cuatro perspectivas distintas: el enfoque conductual, el enfoque cognitivo, el enfoque motivacional y el enfoque psicodinámico. A continuación, se presenta de manera concisa cada enfoque con el objetivo de facilitar al lector una mejor comprensión de las ideas que se expondrán más adelante.

- Enfoque conductual -

Se centra en la identificación de conductas observable, sin abordar las motivaciones o procesos cognitivos que impulsen al individuo a procrastinar, y se restringe a un análisis riguroso de su comportamiento basado tanto en la lógica como en la evidencia empírica. Una de las explicaciones de la procrastinación desde esta óptica consiste en que las conductas se mantienen al recibir un estímulo positivo, es decir, persisten debido a sus consecuencias o, más precisamente, son reforzadas por el entorno.

Por ejemplo, si se encontrase en la situación de ser responsable del pago de la factura de electricidad de su vivienda y retrasase el pago, abonándolo en una fecha posterior a la estipulada, y aun así la compañía prestadora del servicio de electricidad no suspendiese el suministro, existen numerosas probabilidades de que en el siguiente período se vuelva a demorar en el pago. En caso de que, en cambio, haya habido una interrupción en el suministro de energía eléctrica y hayas debido incurrir en gastos para su reconexión, es altamente probable que en futuras situaciones la canceles con antelación. En estas circunstancias, el comportamiento se ve influenciado por las experiencias anteriores.

- Enfoque cognitivo -

Se refiere a la comprensión y reflexiones del individuo. Se origina a partir de las limitaciones inherentes al enfoque conductual y argumenta que la procrastinación es el resultado de un procesamiento disfuncional de la información, caracterizado por creencias irracionales asociadas a la incapacidad, el miedo, la exclusión social y la baja autoeficacia. Estas creencias inducen al individuo a postergar las tareas como un mecanismo destinado a preservar su autoestima.

Se puede evidenciar que, a pesar de la estrecha relación entre lo cognitivo y lo racional, los pensamientos resultan subjetivos y se fundamentan en las creencias de los individuos. Las últimas, con frecuencia, son motivadas por sus emociones, por lo tanto, en este enfoque desempeñan un papel crucial al generar pensamientos que resultan en la procrastinación. De acuerdo a esta perspectiva, la individuo muestra preferencia por llevar a cabo acciones que resulten en consecuencias positivas inmediatas, mientras evita realizar tareas que requieran de recompensas postergadas, todo ello como consecuencia directa de las creencias irracionales previamente expuestas.

- Enfoque motivacional -

Se sostiene que el ser humano se enfrenta a dos alternativas en sus pensamientos y comportamientos: la búsqueda activa del éxito motivado por la esperanza, o la evitación de situaciones consideradas negativas motivada por el miedo al fracaso. La segunda dirección se refiere a las conductas de postergación, ya que el individuo experimenta una falta de comodidad con la tarea principal y opta por realizar actividades que le brinden una gratificación inmediata, generándole sensaciones positivas tales como felicidad, disfrute, deleite o entusiasmo. En virtud de lo expuesto, el sujeto evade las labores que juzga desagradables, ya que le generan emociones adversas como la frustración, la angustia, el miedo, el rechazo o el pesimismo, entre otros estados de ánimo. En este enfoque se pone un mayor énfasis en el reconocimiento del valor de las emociones para comprender la procrastinación.

- Enfoque psicodinámico -

Este último enfoque se refiere a la noción de que la procrastinación se origina en la niñez. Durante este período, la influencia de los procesos mentales inconscientes y los conflictos internos en el comportamiento juegan un papel importante en el desarrollo de la personalidad adulta. Sería un drama psicológico que guarda relación con la familia y la crianza, que se manifiesta en la edad adulta como consecuencia de su persistencia en el inconsciente. En este contexto, la procrastinación se podría entender como un mecanismo de defensa del yo, según las teorías de Freud.

Sin embargo, los conflictos internos previamente aludidos guardan alguna relación con emociones negativas de la infancia reprimidas en el subconsciente. Estos fenómenos tienden a manifestarse en el futuro y sus repercusiones incluyen comportamientos de postergación. Aunque en menor medida que otras perspectivas, también está relacionado con el ámbito emocional.

Después de revisar los cuatro enfoques mencionados, la reflexión que surge se refiere a la ausencia de cualquier aspecto emocional. En última instancia, un investigador muy respetado en el tema, como Tim Pychyl, postula que la procrastinación es un desafío en la regulación emocional [5]. Una posible explicación de esta falta de inclusión es que estas no pueden ser abordadas en un enfoque singular debido a su naturaleza transversal en todas las perspectivas examinadas del problema, y su relación con cada dimensión del fenómeno en cuestión. A partir de todas las premisas anteriores expuestas, es posible posicionar las emociones como una suerte de paradigma de análisis del fenómeno en cuestión.

Conéctate Al Sistema

El sistema de liderazgo personal tiene como objetivo, por un lado, mejorar tu calidad de vida, pero por otro lado, generar una sensación de incomodidad.

Por qué, al fomentar continuamente un pensamiento crítico constructivo y desafiarte a salir de tu zona de confort, tenemos plena certeza de que te asombrarás por tu verdadero potencial y tu innata capacidad para alcanzar logros extraordinarios al desarrollar tu carácter y autenticidad.

El inicio de este recorrido al utilizar esta herramienta conlleva a un viaje de crecimiento personal constante, en el cual se presentan tres conceptos fundamentales.

Una alternativa para expresar lo mismo en un tono formal sería: "En primer lugar, se destaca la importancia del compromiso con el aprendizaje continuo, es decir, mantenerse siempre receptivo y ansioso por adquirir nuevos conocimientos, y no permitirse descansar cada día sin haber captado alguna enseñanza o lección."

El segundo aspecto se refiere a la implementación práctica, por lo que todo el conocimiento adquirido de este libro se aplicará e integrará activamente en la vida diaria. No solo como una mera demostración ocasional, sino como parte integral de tus hábitos cotidianos; de hecho, todos estos comportamientos deben formar parte inherente de tu ser.

"Además, el tercer aspecto es la permanencia inalterable, que implica tener la fortaleza de vincularte a este sistema de manera indisoluble a partir de este momento, de modo que siempre esté presente en ti y tú en él". Teniendo en cuenta que todo lo que deseas y mereces está por delante, solo si eres capaz de MANTENER LA CONEXIÓN lo lograrás, y puedes estar seguro de que no será fácil.

CRECIMIENTO PROGRESIVO:

Resulta crucial comprender que has sido introducido al ámbito de la transformación y el liderazgo, y que cultivar y adiestrar la faceta de líder que reside en ti será un desafío arduo que demandará tiempo y esfuerzo continuado.

A través de la experiencia, se ha comprobado que los cambios significativos y el proceso para alcanzar y edificar metas excepcionales se materializan mediante un constante y progresivo avance. No obstante, es importante destacar que tu vínculo con el SLP no será una excepción a este principio.

Por ende, la invitación y la transparencia que proporciono con el fin de que este acontecimiento sea exitoso, perdure y no se limite a ser otro intento meramente de transformación y superación personal, radica en que empieces a comprender que todo este trayecto constituye un proceso, y que la clave para que funcione reside en:

"Adopte e intégrese con un componente específico del sistema o una tarea de transformación semanalmente, con el fin de lograr cambios progresivos y verdaderamente experimentar el impacto de cada herramienta o parte del sistema".

Tras haber empleado de forma íntegra y honrada todas las herramientas y componentes del sistema, procede a reiniciar el proceso. Realiza ejercicios repetitivos y constantes que te permitan familiarizarte y dominar el uso y la conexión con cada herramienta o componente del sistema, hasta internalizarlo por completo.

Con el objeto de facilitar este proceso, resultará de suma importancia que mantengas una conexión constante entre tus aspiraciones más grandiosas y tus metas más elevadas. Cuando sientas la tentación de abandonar o rendirte, recuerda que cuentas con tu Sistema de Logro Personal (SLP), el cual constituye una valiosa herramienta de empoderamiento que te permitirá alcanzar tu destino y superar cualquier obstáculo que se interponga en tu camino, incluso tus propias limitaciones.

La matriz de posibilidades

Al discutir acerca de la productividad y la gestión del tiempo, se hace referencia frecuente a la Matriz de Eisenhower como una herramienta destacada. A pesar de que considero que es una opción viable y en su momento me resultó muy provechosa, deseo presentarte una propuesta más avanzada en relación al tema. Por ende, me gustaría invitarte a familiarizarte y explorar lo que he denominado como la Matriz de Posibilidades, la cual te mostraré a continuación:

Durante mi largo proceso de aprendizaje y crecimiento personal que he emprendido a lo largo de las últimas dos décadas, he llegado a comprender que la clave para alcanzar un éxito integral radica en la combinación de claridad y movilidad. Durante este viaje de autodescubrimiento, he aprendido que la inacción es un obstáculo significativo para lograr cualquier cosa relevante o trascendental en la vida.

A partir de ese punto se originó la matriz de potenciales, y es que si todos adquirimos conciencia de que la ejecución no es una alternativa, sino una responsabilidad para aquellos individuos que aspiran a sobresalir y alcanzar la grandeza, el panorama se transformaría.

Sin embargo, si limitamos nuestra concepción a la mera acción sin añadir otros criterios, nuestro entendimiento y nuestro alcance resultarían insuficientes. Mediante la adquisición y aplicación de una amplia variedad de métodos y enfoques para mejorar la productividad, me di cuenta de los cuatro sectores principales de esta eficaz matriz que nos capacita para convertirnos en individuos dotados de oportunidades inagotables.

Los cuatro segmentos de la matriz de oportunidades

UNO: MEDIDAS DE PROGRESO

Se refieren a las actividades o acciones que verdaderamente influyen significativamente en nuestra cotidianidad, y son aquellas que nos acercan más hacia la realización de nuestros anhelos y objetivos, tanto palpables como abstractos.

DOS: ACCIONES ACTUALES

Estas son las tareas a las que, debido a nuestra condición humana o por exclusión, estamos obligados a llevar a cabo diariamente mientras estemos vivos; sin embargo, solo nos mantienen presentes en el momento actual y no nos acercan más a nuestras metas o deseos.

TRES: ACCIONES PERMANENTES

Se trata de las actividades, labores o responsabilidades estandarizadas que forman parte de nuestra existencia debido al contexto, la realidad o la obligación, y que resulta imposible renunciar o dejar de llevar a cabo.

CUATRO: ESTRATEGIAS DE CRECIMIENTO

Se trata de actividades de aprendizaje, desarrollo y entrenamiento que podemos llevar a cabo de manera voluntaria. Estas actividades requieren un esfuerzo adicional para integrarlas a nuestra agenda, pero tenemos plena conciencia de que son estas acciones las que nos permitirán seguir creciendo y renovando nuestra mente diariamente.

En base a mi experiencia y al momento de presentar esta matriz a mis clientes de mentoría y consultoría, me asombré gratamente al observar los notables cambios que comenzaron a manifestarse. Esta matriz proporcionó una claridad impresionante a las mentes de mis clientes, permitiéndoles aplicar los conceptos de estos cuadrantes de manera efectiva en su vida cotidiana. Nosotros quedamos gratamente asombrados por los progresos alcanzados y el notorio incremento en su eficiencia, lo cual siempre se encuentra asociado con progreso, desarrollo y relevancia.

El desafío planteado actualmente es simple pero impactante: empezar a adoptar una mentalidad de planificación y diseño, que engloba dos aspectos fundamentales.

La primera recommandación es evitar tanto la improvisación como la procrastinación, mientras que la segunda es ejercer el autocontrol emocional, no dejarse influenciar por factores externos o por los demás, y en cambio, ser responsable y tener tu propio plan estratégico para el futuro.

LA PLANEACIÓN INTELIGENTE:

En calidad de líder en la industria de la construcción y el desarrollo, resultaría imperativo adquirir destrezas de gran maestría en lo tocante a la capaciddad de planificación. Ten en cuenta que tu vida posee una importancia inmensa, es extraordinariamente valiosa y singular, y estás destinado a realizar acciones extraordinarias desde tu auténtico ser; esto te impone la responsabilidad de no dejarla al azar o al capricho del destino.

El proceso de visualizar el futuro comienza una vez que hayas determinado meticulosamente tu destino y hayas adquirido claridad con respecto a tus objetivos más sinceros. Posteriormente, te embarcarás en la creación de minuciosas estrategias delineando cómo maximizarás cada semana, asegurando así el cumplimiento de tus aspiraciones sin descuidar ningún aspecto.

La planificación estratégica implica contar con tres tipos de planes:

Horarios mensuales.

☐ Vuelos programados semanalmente.

Vuelos diarios.

Desarrollo De Listas De Tareas Sofisticadas

Desde una perspectiva reflexiva, el uso de una agenda de tareas parece tan sencillo como la respiración misma. No obstante, la cuestión no es tan sencilla como aparenta. No todas las enumeraciones de actividades son idénticas y la excelencia de sus registros de actividades puede tener una influencia considerable en su capacidad para maximizar su eficacia personal. Además, es importante destacar que si no organiza sus listas de manera lógica y eficiente, esto podría tener un impacto negativo en su rendimiento personal. Entonces, ¿cuál es el factor determinante en cuanto a la perspicacia y coherencia de la lista de tareas?

Específico

Es importante que los elementos que incluya en sus listas de tareas sean precisos en relación a las acciones que requiere realizar. En caso contrario, le resultará desafiante ser productivo. Esto ocurre debido a que si los elementos de su lista de tareas carecen de especificidad, se presentarán dos problemas potenciales en relación a su productividad personal. La primera es la incapacidad de determinar de manera objetiva cuándo se han completado exitosamente las tareas. Por ejemplo, ¿cuál es el significado de la expresión 'llevar a cabo la mayor cantidad de tareas que sea posible'? ¿Significa esto llevar a cabo el procesamiento total de una, dos o veinte transacciones diariamente?

Medible

Contar con tareas cuantificables en su lista de quehaceres implica que los elementos pueden ser expresados en una magnitud numérica específica o dividirse en elementos susceptibles de medición. Cuanto más medible sea una tarea, más objetivamente se podrá determinar si se ha completado o no un elemento de la lista de tareas pendientes. Para ilustrar, resultará arduo establecer de manera objetiva si se ha logrado "aumentar la felicidad", dado que la alegría no es una magnitud cuantificable, a diferencia de la acción de "alimentar a 10 personas sin hogar adicionalmente hoy en comparación con la semana anterior", que sí puede ser determinada de forma objetiva.

realizable

Los elementos que componen nuestra lista de tareas deben ser alcanzables de manera realista. Por el contrario, si no toma medidas, se encontrará siendo poco productivo la mayor parte del tiempo, lo cual podría desencadenar un ciclo negativo de procrastinación, falta de rendimiento y una disminución aún mayor de su motivación para llevar a cabo sus tareas. No obstante, si se elabora un inventario de tareas con elementos que se puedan lograr y sean realistas, se obtendrá una lista capaz de mejorar la productividad, elevar la moral y aumentar la capacidad para superar la procrastinación.

Por consiguiente, en vez de incluir objetivos como "lograr la paz mundial" en su lista de tareas, es necesario incorporar metas que estén dentro de su capacidad de alcanzar, tales como "organizar una reunión de una hora con Doug para evaluar qué nuevos productos debemos adquirir".

Asimismo, una faceta de la realidad consiste en la cantidad de tareas que se encuentran consignadas en su agenda de actividades diarias. En caso de no ejercer suficiente prudencia, es plenamente factible confeccionar una enumeración cotidiana de tareas que resulte perjudicial, lo cual conducirá a una falta de productividad y, en última instancia, a la adquisición de tendencias procrastinatorias.

Si se agregan un número excesivo de elementos a la lista de tareas diarias, es probable que experimente una sensación de abrumadora incapacidad para finalizar dichas tareas y, en consecuencia, se genere una acumulación creciente de trabajo inconcluso. Si esto ocurre de manera frecuente, experimentará una disminución gradual de su motivación para completar sus tareas, inclinándose a aplazarlas y disminuyendo su nivel de productividad.

Es recomendable adoptar una directriz adecuada al elaborar su lista de actividades, con el fin de evitar sentirse abrumado. Una estrategia efectiva puede ser establecer un límite de no más de tres tareas de alta prioridad para llevar a cabo en un día determinado. La adición de elementos adicionales podría conllevar un incremento considerable del riesgo de experimentar una sensación de abrumo y una disminución de la productividad.

Importante

Una lista de tareas pertinentes es aquella que resulta relevante o se centra en coadyuvar al logro de las metas fundamentales de su existencia. Dicho de otro modo, su deseo es evitar dispersar sus tareas pendientes o metas de manera desordenada y desorganizada. Al enfocarse únicamente en las tareas que son pertinentes a sus objetivos principales y de mayor importancia, sin darse cuenta, reduce la cantidad de elementos que incluye en su agenda diaria. Este enfoque podría contribuir a generar una lista de tareas más factible y realista para usted.

Período de tiempo

Finalmente, se requiere asignar una fecha límite a todos los elementos incluidos en su lista de tareas. En ausencia de una fecha límite asignada a las tareas, carecerá de cualquier sentido de urgencia para culminarlas. Si alguna vez ha considerado reducir su peso corporal en diez libras sin establecer un plazo o fecha límite para lograrlo, entonces experimentará una mayor tentación de procrastinar.

En lugar de decir "termina de escribir mi informe", si deseas ser más formal, podrías expresarlo de la siguiente manera: "Te insto a que finalices la redacción de mi informe antes de las 11 a.m." Esto generará un mayor sentido de premura para culminar la tarea y alcanzar un nivel de concentración superior.

Si desea mejorar sus niveles de productividad y aumentar su eficacia en las tareas que realiza, es imperativo que comience a desarrollar listas de actividades utilizando el método S.M.A.R.T.

1- Formula metas precisas y sucintas

En numerosas ocasiones, el mero acto de recordar que tenemos dicha actividad pendiente de entregar o completar, y la visualización de encontrarnos atados a ese proceso durante un prolongado período de tiempo, nos produce molestia y desgano, lo que nos lleva a posponerla.

Es importante destacar que hay individuos que establecen metas demasiado exigentes y, incluso antes de comenzar, ya muestran una actitud negativa.

Es recomendable planificar y organizar el tiempo disponible con una fecha límite establecida para llevar a cabo el trabajo, tarea o actividad que se desee realizar en sesiones equilibradas de tiempo y dedicación.

Una opción sería: "Es recomendable descomponer la actividad en una serie de tareas más pequeñas y establecerles un límite de tiempo para su finalización, de modo que se pueda distribuir y visualizar de manera más equilibrada el trabajo y los plazos. De esta manera, será posible percibir y evaluar el progreso de la tarea sin sobrecargar física y mentalmente con largas jornadas de trabajo."

2- Transparencia y concentración

Un inconveniente frecuente que se presenta con gran frecuencia es experimentar una sensación de agobio debido a la falta de claridad o especificidad respecto a las tareas asignadas, así como a la falta de información precisa sobre el proceso o desarrollo de dichas actividades, lo cual genera incertidumbre en nosotros. Ya sea por el temor a cometer errores, dedicar esfuerzos adicionales o simplemente la falta de conocimientos respecto a cómo iniciar.

Numerosos individuos optan por llevar a cabo actividades o labores que sean de fácil ejecución y con instrucciones precisas y concretas, dado que experimentan una mayor confianza en su desempeño laboral.

En numerosas ocasiones, se añade a esta circunstancia la dificultad o la reticencia que podamos experimentar hacia una tarea específica, como por ejemplo la resolución de problemas matemáticos, la redacción de un informe de cierre de mes, o la elaboración de un informe, entre otras.

Por ende, resulta crucial adquirir un conocimiento específico respecto a la naturaleza de la actividad a llevar a cabo, realizar una investigación exhaustiva acerca de los procedimientos implicados y, en la medida de lo posible, buscar la orientación de personas experimentadas en el campo o con habilidades destacadas en la materia.

3- Regula o elimina los elementos de distracción.

En ocasiones, nos veremos afectados por nuestro entorno, dado que resultará prácticamente imposible evitar las fuentes de distracción.

La concentración resulta esencial para lograr un óptimo desarrollo de nuestras habilidades y aptitudes, ya que al dividir nuestra atención entre dos o más estímulos, esta tiende a disiparse.

Hay numerosos factores que pueden desviar nuestra atención

durante cualquier actividad. Para facilitar su comprensión, podemos clasificarlos en tres categorías. El primero se origina por la intervención de terceras personas y se manifiesta a través de ruidos o conversaciones relacionados con el entorno en el que nos encontramos, ya sea en el hogar, en la escuela, en el trabajo o en la calle, entre otros lugares.

El segundo tipo de perturbaciones se origina debido a elementos presentes en el entorno, tales como la iluminación, las condiciones atmosféricas (bajas temperaturas o altas temperaturas), la presencia de animales, entre otros.

Y el tercer tipo, generado internamente por nuestra propia acción, puede manifestarse a través de contradicciones cognitivas, dificultades personales, fatiga o estímulos gratificantes (como videojuegos, el uso del teléfono o comer), entre otros ejemplos.

A través de esta observación, podemos percatarnos de que resulta prácticamente improbable aislarnos por completo o eliminar estos elementos que generan distracciones. No obstante, al regular su presencia o reducir su impacto, podremos mejorar significativamente nuestra capacidad para enfocarnos en la tarea que realizamos.

Es importante destacar que en numerosas ocasiones, el empleo de las fuentes de distracción no solo constituye una forma de alentar nuestra negativa hacia la tarea que debemos llevar a cabo, sino que también agravará esta actitud de rechazo. En estos casos, lo más aconsejable es adquirir conciencia de los factores que nos distraen para así abordarlos de manera efectiva.

Transforma tu labor en algo atractivo o placentero

Una parte significativa del éxito que experimentamos en nuestras actividades se atribuye a las condiciones del entorno en el cual nos encontramos. Esto no se limita únicamente a la gestión adecuada de las distracciones, como se mencionó anteriormente, sino que incluye factores como la comodidad y la idoneidad del espacio para llevar a cabo la actividad.

Hay diversas herramientas disponibles que contribuyen a optimizar la experiencia en nuestras tareas o responsabilidades, agilizando su cumplimiento.

Una de las estrategias consiste en emplear música, ya que no solo tiene la capacidad de eliminar distracciones y mejorar nuestra atención, sino que también puede fomentar la motivación y transformar nuestra perspectiva ante situaciones desfavorables, convirtiendo así la actividad en una experiencia más placentera.

Además, es importante resaltar los beneficios y contribuciones que el desarrollo de esa actividad genera en nuestra vida personal o profesional, ya que a menudo no somos plenamente conscientes de sus efectos a largo plazo. En este momento, la realización de actividad física o la renuncia al hábito de fumar deberían ser impulsados exclusivamente por las mejoras que nos brindarán en el porvenir.

La compañía de personas agradables es siempre un estímulo y, aunque no podemos depender por completo de factores externos para nuestro bienestar, sí puede brindarnos un apoyo en el cumplimiento de nuestras actividades de manera más efectiva.

6 - Estrategias para optimizar el tiempo en la cocina

Observación: Es importante destacar que en determinados países, los términos "congelador" y "freezer" son empleados indistintamente para hacer referencia a un artefacto doméstico que tiene la capacidad de mantener una temperatura extrema de varios grados bajo cero, oscilando típicamente entre los -30 °C y -4 °C, siendo comúnmente utilizados a temperaturas de -18°C a -15 °C.

En contraste con otros países, como Argentina, donde los congeladores solo alcanzan la temperatura de cero grados o -1°C, lo cual solo es adecuado para la formación de hielo y no para la conservación de alimentos, los "freezers", por otro lado, proporcionan un ambiente mucho más frío y óptimo para almacenar alimentos durante un período prolongado.

En este compendio, emplearemos el concepto de "cámara de refrigeración" para hacer referencia al dispositivo electrodoméstico caracterizado por mantener una temperatura inferior a cero grados, lo cual posibilita la conservación de alimentos durante períodos prolongados sin ocasionar alteraciones.

1) En lugar de preparar comida en múltiples ocasiones a lo largo del día, opta por cocinar todas las comidas de una sola vez de manera que puedas utilizarlas a lo largo de la semana. Asimismo, podrías adoptar la costumbre de preparar el doble de porciones de una misma receta, consumiendo

una porción de inmediato y almacenando la otra en el congelador para su consumo posterior.

2) Procure seleccionar recetas gastronómicas que sean de su preferencia, saludables y que puedan ser preparadas de forma rápida. A partir de ellas, genere un plan de comidas semanal o para un lapso prolongado.

3) Opta por seleccionar objetos fabricados con materiales resistentes a la rotura en la medida de lo posible (tales como metal, plástico, madera resistente, entre otros). Se limpian, se lavan y se guardan más rápido. Prefiero disponer de vasos de vidrio para servir bebidas perfectamente refrigeradas; no obstante, ayer invertí veinte minutos en limpiar los restos de un solo vaso que se fragmentó inesperadamente a manos de mi hija menor. En caso de haberse lesionado, junto con la

consiguiente incomodidad para todos los miembros del hogar, me habría llevado un considerable periodo de tiempo tranquilizarla y remover con cuidado los diminutos fragmentos de vidrio de sus manos.

4) Coloque un bloc de notas y un bolígrafo junto a la puerta del refrigerador para facilitar la tarea de anotar un inventario completo de los alimentos que debe comprar durante su próximo viaje al supermercado.

"5) Mientras la comida se está cocinando, puedes utilizar el tiempo de manera productiva para realizar otras tareas culinarias, como lavar y cortar verduras, ordenar el contenido del refrigerador, guardar los utensilios que se están secando en el escurridor de platos o llevar a cabo cualquier otra actividad relacionada con la cocina durante esos minutos". La gran parte de las cocinas poseen múltiples fogones y un horno de generosas dimensiones que permite acomodar varias bandejas, lo que posibilita, tras un poco de práctica, calentar o cocinar múltiples comidas simultáneamente.

6) El uso del congelador resulta crucial para optimizar el tiempo en la preparación de alimentos. Es posible obtener una variedad de alimentos durante la semana en el supermercado y dedicar un intervalo específico de tiempo para preparar todas las comidas para la semana, o al menos varias de ellas. Esta función te brindará la oportunidad de optimizar significativamente tu tiempo, tanto en la labor culinaria como en el mantenimiento y ordenamiento de los utensilios de cocina, ya que solo deberás ensuciarlos, limpiarlos y almacenarlos en una ocasión.

7) Con el fin de optimizar la eficiencia de su congelador y facilitar una organización práctica a la hora de preparar comidas, es recomendable adquirir una selección de recipientes de plástico de varios tamaños, específicamente diseñados para envasar alimentos en porciones adecuadas para usted o Tu familia.

8) Emplee un secador de platos de gran tamaño para acomodar toda su vajilla cuando la lave. Permite que todo se drene y se deshidrate con la circulación del aire.

9) Cocina con Internet. Cuando experimentes una incómoda sensación de perplejidad al abrir la puerta de la despensa o el refrigerador y te cuestiones: "¿Cuál sería el plato adecuado para hoy?", solicita orientación en línea: selecciona diversos ingredientes que poseas en tu hogar y házlos ingresar en un motor de búsqueda, como Google,

junto con el término "receta". Sin duda alguna, descubrirás una preparación adecuada que puedas realizar, aprovechando los elementos ya existentes a tu disposición.

10) Cocina al vapor. Un disco de cocina con orificios para el uso del vapor, tiene el potencial de reducir significativamente el tiempo dedicado a cocinar cada mes. En primer lugar, vierte una pequeña cantidad de agua en el fondo de una olla. A continuación, coloca el disco de cocción y sobre este, los ingredientes a cocinar, tales como carnes en rodajas delgadas o una variedad de verduras. Por último, asegúrate de cerrar herméticamente la tapa de la olla. Sólo tendrás que asegurarte de suministrarle agua regularmente, garantizando así un flujo constante de vapor. Si tienes tendencia a la distracción, te sugiero configurar una

notificación que te avise de la necesidad de rellenar el agua antes de que se agote. Este método culinario resulta sumamente conveniente, ya que demanda poca dedicación de tu parte (siempre y cuando tengas en cuenta añadir agua si es necesario, por favor, sé cautelosa). Además, cabe resaltar su carácter altamente saludable.

11) Procede a preparar las combinaciones de manera anticipada. Tanto si prefieres el muesli como el capuchino, es posible preparar las mezclas correspondientes de estos alimentos con una frecuencia semanal o mensual, para así contar con ellas siempre disponibles cada vez que sea necesario. De igual manera, puedes emplear tus condimentos favoritos tales como la provenzal (basada en ajo y perejil) o el pesto (con aceite de oliva, nueces

picadas, albahaca, ajo y queso parmesano). Incluso los niños podrían colaborar en la preparación de estas mezclas, contribuyendo activamente con sus sugerencias para las recetas. En nuestro hogar, mi cónyuge y yo las confeccionamos mientras aprovechamos para entablar una agradable conversación, compartiendo al mismo tiempo unos deliciosos mates (N.B: El "mate" es una infusión tradicional de Sudamérica).

Si tu capacidad económica lo permite, adquiere en el establecimiento de alimentación los vegetales que están previamente cortados y listos para cocinar. Normalmente son un tanto más costosos, no obstante, puedes ganar varios minutos al evitar la necesidad de cortarlos a mano, o incluso utilizando una máquina picadora eléctrica que luego deberás limpiar, secar minuciosamente, y almacenar correctamente, lo cual también representa una inversión de tiempo por tu parte. Además, los vegetales precortados se ofrecen en envases convenientes que permiten una organización y almacenamiento más eficiente en tu refrigerador.

13) Realiza una limpieza a medida que avanza. Si adquieres el hábito de mantener orden mientras ensucias, al finalizar el proceso de cocinado, únicamente deberás limpiar los utensilios empleados para ingerir la comida. Sería conveniente solicitar la asistencia de otra persona para que se encargue de limpiar los utensilios y superficies utilizados durante el proceso de cocina. Algunos niños de cierta edad muestran una gran disposición por colaborar en el ámbito culinario junto a su madre, brindando su ayuda en la medida de sus posibilidades, a la vez que

comparten un valioso momento contigo.

14) Si recibes una invitación a asistir a una reunión social con amigos o familiares, donde se espera que cada invitado contribuya con algo para la comida, te sugiero ofrecerte a llevar la bebida o algún postre. Puedes escoger opciones como helado, ensalada de fruta preparada previamente o una torta o pastel adquiridos en establecimientos comerciales. Si optas por adquirir una bebida o un postre ya preparado y listo para ser servido, ahorrarás considerablemente más tiempo en comparación con el tiempo que tomaría preparar una comida completa para varias personas. Adicionalmente, en caso de conocer de antemano la frecuencia de tales ocasiones especiales, es posible prever y mantener previamente guardados

algunos de estos elementos, a fin de estar debidamente preparado/a y abordar la situación de manera expedita.

Plan de Acción

Por favor, compile una enumeración de todas las tareas, adquisiciones, compras, y demás elementos necesarios.

Por ejemplo:

- Obtener los utensilios requeridos para realizar preparaciones culinarias en proporciones amplias (recipientes de gran capacidad, olla de presión, utensilios de cocina, entre otros).

- Instalar un secador de platos adicional o sustituir el existente por uno de mayor capacidad.

Adquirir recipientes plásticos con cierre hermético diseñados para la conservación de alimentos en la unidad de refrigeración.

Realizar una búsqueda en el motor de búsqueda Google para encontrar recetas que sean tanto nutritivas como deliciosas.

- Adquirir un dispositivo electrónico de lectura que contenga un compendio de recetas culinarias y tenerlo almacenado en tu dispositivo móvil.

Sustituir los artículos fabricados con elementos frágiles, como el vidrio, por otros de mayor resistencia, tales como el plástico, el metal, entre otros.

- Adquirir contenedores de plástico con tapas herméticas para la preparación y conservación de las mezclas frecuentemente utilizadas.

Le insto a que registre diligentemente todas las ideas que surjan tras la lectura de este capítulo, ya sea en su cuaderno personal o en su dispositivo electrónico, con el fin de aprovecharlas posteriormente en su propia experiencia vital.

Aquello que comparten los empresarios exitosos

A medida que adquirimos más conocimiento acerca de los emprendedores exitosos, se vuelve cada vez más palpable que todos compartimos elementos en común. Todos los profesionales de negocios aprecian altamente su tiempo y se esfuerzan de manera continua para mantener un mayor grado de control y una organización más efectiva.

La conclusión a la que hemos arribado es que resulta inviable alcanzar el éxito sin contar con las competencias adecuadas para el eficiente manejo del tiempo. Resulta desafiante concebir un emprendimiento floreciente en medio de la desorganización. Al cultivar la disciplina requerida para gestionar el tiempo de forma eficaz, uno adquiere simultáneamente múltiples hábitos que lo orientan hacia la prosperidad, los logros y el éxito general en su emprendimiento desde el hogar.

La adquisición de aptitudes apropiadas en la gestión del tiempo se inicia al tomar conciencia de que administrar el tiempo y la empresa equivale, en efecto, a administrar la propia vida. Es necesario que protejas esta invaluable muestra de aprecio que te ha sido entregada. Las palabras de Benjamin Franklin resuenan con más fuerza cuando pronunció:

\\\"¿Amas la vida? Por ende, no despilfarres tu tiempo, ya que la existencia se compone de ello.

Conforme adquiera el dominio de la gestión del tiempo, simultáneamente comenzará a ejercer un control absoluto sobre su empresa, su porvenir y su existencia en su totalidad. Esta obra proporcionará al lector todas las herramientas necesarias para adquirir el dominio de las habilidades de gestión del tiempo en el ámbito empresarial. A medida que te sumerges en la lectura, contempla las posibilidades de implementación inmediata de estas ideas dentro de tu empresa. Le recordamos la importancia de tomar apuntes de los aspectos relevantes. Le invitamos cordialmente a consultar este libro repetidas veces, a fin de asimilar plenamente sus conceptos y retenerlos de manera duradera. En última instancia, es crucial tener en cuenta que la repetición espaciada constituye uno de los elementos clave en el proceso de adquisición de conocimiento.

Mediante la adquisición de competencias en la gestión del tiempo, se está preparando para emprender un negocio desde el hogar con mayor eficacia y logro sobresaliente. Esta experiencia te brindará una renovada visión tanto en los negocios como en la vida, permitiéndote experimentar un cambio significativo en tu persona. Usted tendrá la capacidad de ejercer completo control y llevar a cabo actividades adicionales en su negocio desde la comodidad de su hogar, superando todas las expectativas previas.

Use Su Motivación

Si usted se asemeja a la gran mayoría de profesionales en el ámbito empresarial actual, es posible observar fluctuaciones en su nivel de motivación a medida que su enfoque se desplaza de un proyecto empresarial a otro. Indudablemente, es evidente que su principal expresa preferencia es hacia el ámbito de los negocios. Sin embargo, para muchos resulta arduo mantener su atención en una única área comercial y no permanecer inamovibles en una actividad durante un periodo prolongado. Esto se atribuye principalmente a la fluctuación en la paciencia de una persona y al constante cambio de intereses.

En un sentido análogo, hay individuos que experimentan dificultades al enfrentar las mismas tareas de forma repetida, observando constantemente el reloj y anhelando que el momento de cesar el consumo de tabaco llegue prontamente. En efecto, en caso de contar con una disposición favorable, algunas labores podrían presentar el nivel de estímulo necesario para resultar placenteras, aunque esto suele ser poco frecuente. Cuando las responsabilidades laborales no se alinean con el estado emocional, puede resultar arduo afrontar la duración de la jornada de trabajo.

Al emprender y gestionar su propio negocio desde la comodidad de su hogar, obtiene una mayor autonomía en comparación con la que experimentaría al trabajar para un empleador externo. La ventaja principal radica en la capacidad de desarrollar tareas en el ámbito que desee, en el momento que lo decida. Tu rutina diaria es impredecible, sujeta a cambios según tu estado de ánimo, no obstante eres capaz de cumplir con tus responsabilidades.

El factor determinante radica en emplear tu motivación y dirigirte hacia cualquier destino que te conduzca. Por ejemplo, al iniciar la jornada laboral del lunes, enciende su computadora y se topa con la noticia de que un cliente relevante se encuentra en búsqueda de un nuevo lema para su campaña. De manera abrupta, las ideas emergen sin antecedentes, debido a que se encuentra motivado para abocarse a este proyecto. En contraste, el cliente al cual se ha remitido trabajo en repetidas ocasiones, solo para ser devuelto debido a su cambio de opinión, no genera una motivación significativa. Cuando tenga ideas más provechosas, le sugiero volver a ello. No tiene sentido desperdiciar el tiempo que podría aprovechar en comprometerse en proyectos más estimulantes en este momento.

TRANSITAR A LA INCENTIVACIÓN EMPRESARIAL

La motivación es un asunto complejo que ha sido objeto de estudio de muchos y que pocos logran comprender. Los impulsos motivadores desempeñan un papel crucial en todas las facetas de nuestra existencia, tanto en las cotidianas como en aquellas que pueden generar disrupción en nuestra trayectoria vital. De hecho, la motivación se posiciona como una de las fuerzas más influyentes en una empresa, siendo su principal impulsora en la gran mayoría de las situaciones. La motivación puede ser el factor determinante entre el éxito rotundo o el fracaso total de cualquier empresa comercial que se emprenda.

La motivación surge de dos fuentes primarias, a saber, factores externos e internos. La motivación extrínseca se origina a partir de fuentes externas, en contraposición a la motivación intrínseca, que se deriva de tu propio bagaje de experiencias, patrones y pensamientos. No obstante, es preciso considerar que lo que estimula a un individuo podría no ser igualmente eficaz en otro. Sólo tú tienes la capacidad de identificar qué te inspira de manera más efectiva.

Resulta fundamental dedicar tiempo para analizar los factores externos e internos que te brindan motivación en el ámbito de tu emprendimiento desde casa. Reflexione sobre estrategias para cultivar y elevar su motivación interna, con el objeto de garantizar su eficacia y satisfacción tanto en el ámbito empresarial como en el personal.

INSPIRACIÓN

Siempre me asombra la cantidad de individuos que se registran en un emprendimiento que parece perfecto en teoría, aunque realmente no les suscita mucho interés. Estos individuos experimentan fatiga y desvanecimiento de su interés de manera rápida, puesto que carecen de un arraigo emocional o de fuentes de estímulo suficiente para mantener su motivación, y esto es especialmente patente durante los desafíos que se presentan en calidad de emprendedores.

La inspiración desempeña un papel fundamental en la búsqueda y el mantenimiento de la motivación. En caso de que su empresa no llegue a su máximo potencial de atractivo, su nivel de motivación nunca alcanzará las cimas que podría alcanzar al tener un negocio que lo inspira, y su interés se desvanecerá velozmente. Además, si experimentas entusiasmo y vigor en tu trabajo, desempeñarás tus tareas con mayor empeño, constancia y vitalidad.

En caso de que no esté satisfecho con su ocupación actual, es recomendable evaluar la posibilidad de redirigir su emprendimiento hacia un modelo de negocio desde casa que se ajuste de manera más acorde a sus requerimientos. Incluso podría optar por efectuar una modificación integral de su plan de negocios. Si bien puede parecer excesivo, resulta vital que usted comprenda la importancia de la inspiración.

FIJAR METAS

Resulta inalcanzable hallar la motivación si no se posee certeza acerca del rumbo que se desea llevar a la empresa. Las metas tanto a corto plazo como a largo plazo desempeñan un papel crucial en la consecución del éxito empresarial. En caso de no definir objetivos de manera apropiada, se expone al riesgo de perderse sin una dirección claramente establecida a seguir.

Haga uso del tiempo adecuado para redactar minuciosamente y establecer sus metas empresariales. Un plan de negocios, aunque podría parecer un tanto imponente, en realidad consiste en un presupuesto acompañado de objetivos claros, tácticas de implementación y estrategias. Recomendable es redactar personalmente su plan de negocios y someterlo a revisión anualmente, en beneficio de su emprendimiento. Asegúrese de incluir todos sus "pequeños objetivos" que se pueden lograr en períodos de tiempo cortos, como unas pocas horas, un par de días o semanas, junto con sus objetivos más ambiciosos que pueden requerir varios años para alcanzar. Le recomendamos que haga referencia a su plan de negocios en múltiples ocasiones a lo largo del año.

Indudablemente, la elaboración de un plan de negocios será de gran utilidad para mantener una motivación constante. Al plasmar sus objetivos por escrito, experimentará una mayor vinculación con su organización y adquirirá mayor nivel de profesionalismo en su ámbito laboral. Adicionalmente, no se le requerirá generar nuevas metas comerciales diariamente.

TRABAJA TU RED

Colaborar con otros emprendedores es una magnífica estrategia para mantenerse motivado en su emprendimiento desde casa. De manera individual, no será capaz de lograr proezas dentro de su sector; no obstante, al unirse con múltiples expertos en el ámbito empresarial, podrán colaborar y conquistar esos desafíos hasta transformarlos en simples obstáculos.

De hecho, la tarea de trabajar de forma autónoma constituye uno de los desafíos más arduos al gestionar eficientemente un negocio desde el hogar. Resulta más alentador contar con el respaldo mutuo de los compañeros. Obtener la propiedad de su propia empresa resulta más factible al establecer conexiones con otros propietarios de empresas en su comunidad local o a través de plataformas digitales. Aun cuando se establezca una conexión con alguien cuyo negocio no guarda ninguna relación con el propio, en la mayoría de los casos es posible identificar puntos en común y colaborar en conjunto.

De acuerdo con ciertos propietarios de empresas, el hallazgo de la red adecuada puede constituir un momento decisivo en el desarrollo de su negocio. Al colaborar con otros propietarios de negocios, su red puede beneficiarse mutuamente al generar oportunidades de negocio y solucionar desafíos de una manera más ágil y efectiva. "La colaboración en la compartición de experiencias, conocimientos e ideas es un activo invaluable que acompaña al ser parte de

de una red empresarial. Además, se presenta la posibilidad de realizar una división de costos y gastos al adquirir productos al por mayor o al formar parte de acuerdos de colaboración en materia de marketing. Cuando la carga de ser propietario de su propio negocio se vuelva abrumadora, la red de propietarios empresariales estará allí para brindarle apoyo y asistencia. Puede depositar su confianza en su red para que lo apoye en la realización de actividades empresariales desde casa, y además, disfrutar en el transcurso de ello. Por lo menos, ya no experimentarás la carga de la soledad.

www.ingramcontent.com/pod-product-compliance
Lightning Source LLC
Chambersburg PA
CBHW050232120526
44590CB00016B/2049